Um amanhecer para recomeçar

Um amanhecer para recomeçar

1-5-10-10.000

Direção editorial: **Flávio Machado**
Assistente editorial: **Renata Curi**
Projeto gráfico e editoração: **Ricardo Brito**
Capa: **Danielle Joanes**
Imagens da capa: **Stock.xchng / www.sxc.hu**
Produtor gráfico: **Vitor Alcalde L. Machado**
Preparação: **Maiara Gouveia**
Revisão: **Maria Aiko Nishijima**
Impressão: **Prol Editora Gráfica**

Dados Internacionais de Catalogação na Publicação (CIP)
(Câmara Brasileira do Livro, SP, Brasil)

Saul (Espírito).
Um amanhecer para recomeçar : relatos da época atual / um romance do espírito Saul ; psicografado pela médium Gilvanize Balbino Pereira. – São Paulo : Petit, 2010.

ISBN 978-85-7253-185-6

1. Espiritismo 2. Psicografia 3. Romance espírita I. Pereira, Gilvanize Balbino. II. Título.

10-04316 CDD: 133.93

Índices para catálogo sistemático:
1. Romances espíritas psicografados : Espiritismo 133.93

Impresso no Brasil, no outono de 2010.

Prezado(a) leitor(a),

Caso encontre neste livro alguma parte que acredita que vai interessar ou mesmo ajudar outras pessoas e decida distribuí-la por meio da internet ou outro meio, nunca deixe de mencionar a fonte, pois assim estará preservando os direitos do autor e, consequentemente, contribuindo para uma ótima divulgação do livro.

Um amanhecer para recomeçar

RELATOS DA ÉPOCA ATUAL

Um romance do Espírito
SAUL

Psicografado pela médium
GILVANIZE BALBINO PEREIRA

petit editora

Rua Atuaí, 383/389 – Vila Esperança/Penha
CEP 03646-000 – São Paulo – SP
Fone: (0xx11) 2684-6000
www.petit.com.br | petit@petit.com.br

CONFORME NOVO ACORDO ORTOGRÁFICO

Outros livros de sucesso da médium Gilvanize Balbino Pereira:

- *Verdades que o tempo não apaga*
- *Lanternas do tempo*
- *Lágrimas do Sol*
- *Cetros partidos*

Sumário

Índice bíblico, **9**

Breve relato, **11**

Prelúdio, **15**

CAPÍTULO 1: Quando o amor fortalece..., **25**

CAPÍTULO 2: Quando mais um dia se inicia..., **37**

CAPÍTULO 3: Quando as obrigações profissionais se confundem com a ilusão..., **47**

CAPÍTULO 4: Quando o coração se embriaga pela ilusão..., **57**

CAPÍTULO 5: Quando as escolhas da vida se transformam em provações..., **71**

CAPÍTULO 6: Quando a realidade desafia o futuro..., **77**

CAPÍTULO 7: Quando os emissários do Senhor agem pela força do amor..., **85**

Capítulo 8: Quando a dor parece mais forte..., **95**

Capítulo 9: Quando chega a hora de partir..., **107**

Capítulo 10: Quando o desespero quase nos faz desistir..., **117**

Capítulo 11: Quando Jesus escuta nossas preces..., **131**

Capítulo 12: Quando as trevas se manifestam contra os bons..., **143**

Capítulo 13: Quando a Luz vence as Trevas..., **155**

Capítulo 14: Quando a vida continua..., **169**

Capítulo 15: Quando a verdade e o amor se unem..., **183**

Capítulo 16: Quando as Trevas tentam dominar a Luz, o Senhor pacientemente espera..., **199**

Capítulo 17: Quando os corações se encontram..., **205**

Capítulo 18: Quando o amor simplesmente acontece..., **215**

Capítulo 19: Quando os inocentes sentem o peso dos corações das sombras..., **227**

Capítulo 20: Quando a Cidade de Jade abre os portões de seu coração..., **239**

Capítulo 21: Quando os exércitos do Bem se unem para resgatar os corações das sombras..., **251**

Capítulo 22: Quando se tem um amanhecer para recomeçar..., **267**

Galeria das personagens, **273**

Referências bibliográficas, **277**

Anexo: O Evangelho no Lar, **279**

Índice bíblico

Abertura: Provérbios, 16:3

Capítulo 1: Provérbios, 27-9

Capítulo 2: Provérbios, 24:3-4; Mateus, 18-20

Capítulo 3: Provérbios, 3:13-15

Capítulo 4: Provérbios, 5:1-2

Capítulo 5: Provérbios, 2:4-5

Capítulo 6: Provérbios, 27:1

Capítulo 7: Provérbios, 16:9

Capítulo 8: Provérbios, 10:3

Capítulo 9: Provérbios, 27:8

Capítulo 10: Provérbios, 2:7; Atos, 26:16

Capítulo 11: Provérbios, 16:7

Capítulo 12: Provérbios, 11:5; Provérbios, 5:7

Capítulo 13: Provérbios, 14:8

Capítulo 14: Provérbios, 18:4

Capítulo 15: Provérbios, 11:9; João, 8:32; Filipenses, 3:13-14

Capítulo 16: Provérbios, 16:25

Capítulo 17: Provérbios, 17:1

Capítulo 18: Provérbios, 15:3

Capítulo 19: Provérbios, 21:31

Capítulo 20: Provérbios, 9:6; Paulo, Gálatas, 6:9; Paulo, Hebreus, 13:5

Capítulo 21: Provérbios, 31:10, 26:27; Paulo, Efésios, 5:14

Capítulo 22: Provérbios, 2,6-9

Breve relato

LEITOR AMIGO, em virtude do Cristianismo milenar e de minhas vidas passadas, sinto-me honrado por ter sido agraciado com amizades e amores que o tempo jamais foi capaz de tirar de meu coração.

Entre tantos e inesquecíveis confrades, encontro este velho amigo e irmão da causa cristã, Saul, a quem aprendi a amar ao longo de intenso e iluminado convívio: amor que se consolidou em indestrutível amizade. Em suas trajetórias individuais, marcadas por longo aprendizado, abraçou a condição de médico em grande parte de suas passagens na Terra, e sempre demonstrou profundo amor pelo próximo.

Por essa razão e muitas outras, e, sobretudo, por designação celestial, por Jesus, e atendendo a muitos pedidos de nobres companheiros, foi concedida a esse grande trabalhador do Senhor a sublime oportunidade de criar esta composição, em forma de estudos romanceados, sem se esquecer dos argumentos científicos, tão importantes para o desenvolvimento da humanidade.

Não assino a obra, ainda que tenha compartilhado desse intenso trabalho. Reservo-me apenas a autoria desta página, atribuindo ao amigo todos os créditos da missão, pois, sem dúvida, oferecerá grande contribuição àqueles que enfrentam dificuldades ou perdas em suas vidas.

Saul é um respeitável médico e líder de grupos socorristas, que acompanhou, ao longo de sua jornada, muitos casos, com êxito, no mundo espiritual. Esse emissário do Senhor foi designado para conduzir a história aqui narrada, a pedido, entre muitos, da benfeitora Amanda, que será conhecida ao longo destas páginas. A princípio, ele, autor desta obra, havia solicitado que sua identidade fosse preservada. A decisão de revelarmos sua identidade veio de muitos pedidos, tanto do mundo físico como do espiritual, visando a não incitar conclusões personalistas no meio religioso, causando confusões que não trazem valor doutrinário àqueles que passaram pela Terra deixando suas marcas por meio de um valoroso trabalho apostólico.

Esse nosso querido amigo, que sempre cumpriu sua tarefa como servo do Senhor, ampliando seu caridoso coração em benefício do Cristianismo conceituado nas escolas espíritas, vem ao encontro do grito silenciado daqueles que, solitariamente, desenvolvem distúrbios psíquicos, na grande maioria das vezes associados a problemas relacionados a obsessões, resultantes da Lei de Causa e Efeito.

Ressaltamos que este trabalho não pretende desrespeitar os códigos que margeiam as condutas dos profissionais filhos de Deus que muito se dedicaram e entregaram a vida ao desenvolvimento da Medicina, declarando tal dedicação sob o juramento deixado por Hipócrates.[1]

Estas páginas apresentam uma visão da importância de compreendermos que não estamos alheios às influências do invisível, e que a mudança de conduta, alinhada a uma terapia adequada e a uma fé racional, poderá levar ao entendimento do nosso sofrimento, para vencermos nossas lutas.

POR QUE O título *Um amanhecer para recomeçar?*

Porque acreditamos que o Senhor sempre oferece um "novo amanhecer" para aqueles que buscam recomeçar. Assim, leitor amigo, ainda que a cortina do tempo interrompa a visão do amanhã, não desista:

Na lágrima inimiga, está a lição sábia da transformação.

Na doença que limita, está a oportunidade da oração.

Na dúvida, está a coragem de aprender.

---

1. Hipócrates (Cós, 460 a. C. – Tessália, 377 a. C.) foi, segundo a tradição, o maior médico da Grécia Antiga e possivelmente de toda a Medicina Ocidental. Na Antiguidade, era chamado de Pai da Medicina, e sua importância é tão grande que, a exemplo da Filosofia, pode-se dividir a história da Medicina em duas etapas, a *pré-hipocrática* e *hipocrática*; vivemos ainda, portanto, na era da medicina hipocrática. Era um "asclepíade", membro de uma espécie de corporação de médicos que alegava descender do próprio Asclépio, o deus da Medicina. Segundo a tradição, Hipócrates deu à Medicina o impulso rumo ao diagnóstico, prognóstico e tratamento em bases científicas. Estabeleceu, além disso, um conjunto de normas de conduta que fundamenta até hoje a ética médica. Disponível em: < http://greciantiga.org >. Acesso em: 8 fev. 2010. (Nota da Médium)

Na escuridão, a certeza de que Jesus sempre acende as luzes sobre nós.

Seja qual for o momento de nossa vida, jamais devemos deixar os pensamentos de desistência aportarem em nosso coração, pois, além da sombria colina, sempre reinará um novo amanhecer...

FERDINANDO
São Paulo, 1º de novembro de 2009

Prelúdio

QUANDO FUI convidado por muitos amigos, em especial por meu nobre amigo Ferdinando, para escrever estas páginas, a princípio relutei, pois não me considero um escritor. Em minhas existências, me dediquei à Medicina.

Agradeço a todos que, hoje, na condição de irmãos em Cristo, estiveram e estarão comigo, auxiliando-me a ser hoje melhor do que fui ontem.

Ao ler as carinhosas palavras de Ferdinando, não pude conter as lágrimas emocionadas, mas rogo que não me exaltem, pois não tenho nenhum mérito para tanto.

Foi ao lado de Ferdinando, com seu auxílio, sabedoria, piedade e perdão, que, há muito tempo, converti-me ao Cristianismo. Nessa eterna amizade, aprendi valores dos quais um dia havia me esquecido, por medo e, até, egoísmo.

Confesso que, sem ele, não sentiria coragem para escrever este ensaio e não saberia romancear aquilo que traz um amargo sabor de sofrimento: as doenças e as obsessões.

Somos servos do Senhor e por Ele voltamos a esta empreitada e difícil tarefa, atendendo aos inúmeros pedidos a mim proferidos por diversos companheiros, solicitando-me as ideias médicas, alinhadas aos pensamentos cristãos, visando à compreensão do mal que ainda abraça a humanidade, e que a Ciência, em sua luta árdua, busca compreender e curar.

Não pretendo reescrever histórias já relatadas por outros confrades, mas sim registrar aquelas que vivencio, em vida além-túmulo, na condição de médico espiritual e aprendiz do Senhor. Portanto, não venho trazer polêmicas, mas sim informações sobre o mundo espiritual, porque ele ainda continua sendo desconhecido para os habitantes da Terra.

Atualmente, os laboratórios desenvolvem poderosas drogas, manipulando sais, desvendando as combinações químicas e ativando substâncias que proporcionam o alívio das doenças. Outros estudam o diagrama genético e, em seus experimentos, buscam a compreensão da natureza humana e o progresso da humanidade.

Não estamos aqui para confundir a Ciência ou para trazer dogmas que possam escravizar as mentes, mas para alertar a todos os segmentos médicos e a todos os pacientes do Senhor que estamos submetidos a leis superiores que ainda são necessárias ao nosso crescimento.

Voltando-me a estas páginas, escolhemos o desenvolvimento deste ensaio, em que se descortinam alguns mistérios sobre os desvios psíquicos do transtorno obsessivo compulsivo, associando-o a este caso verídico, motivo pelo qual, por razões óbvias, preservamos a identidade das personagens aqui citadas, assim como a mensagem psicografada, endereçada por um filho à sua mãe.

Com o coração banhado de alegria, peço aos meus colegas médicos e aos cientistas que me perdoem pela simplicidade da escrita. Quero que saibam que, por intermédio da prece, rogo que sejam abençoados, assim como os levarei em meu coração na mais alta consideração e respeito, suplicando a Jesus que os ampare e guie suas ações.

"A cura está ligada ao tempo e às vezes também às circunstâncias.", disse Hipócrates. Parafraseando o grande pensador: a cura está ligada à nossa mudança de conduta e também ao nosso querer e fé, pois o Senhor sempre nos dará o melhor e nos oferecerá o necessário para recomeçarmos e seguirmos adiante.

SAUL
São Paulo, 1º de novembro de 2009

"Esta nossa existência é transitória como as nuvens do outono. Ver o nascimento e a morte dos seres é como olhar os movimentos de uma dança. Uma vida é como o clarão de um relâmpago no céu, rápida como uma torrente que se precipita montanha abaixo."

SIDARTA GAUTAMA – O BUDA

"Recomenda ao Senhor tuas obras,
e teus projetos se realizarão."

PROVÉRBIOS, 16:3[2]

2. Todos os textos bíblicos foram extraídos da versão da *Bíblia de Jerusalém*, nova edição revista e ampliada. São Paulo: Paulus, 2002. As abreviaturas utilizadas nas citações bíblicas seguem as propostas na mesma obra. (N. M.)

"Enquanto há tempo, renove-se todo dia, pois cada dia é hora de reconstruir e recomeçar, e todas as ocorrências da vida, certamente, poderão ser alteradas para melhor e a seu favor, por meio dos desígnios de Deus, se você não houver desfalecido."

FERDINANDO

Capítulo I

Quando o amor fortalece...

"Óleo e perfume alegram o coração,
e a doçura do amigo é melhor que o próprio conselho."

PROVÉRBIOS, 27-9

NAQUELA primavera metropolitana, o céu azul era tingido por forte cinza, resultado da poluição, que tornava carregado o perfeito cenário criado pelo nosso Senhor, mas não omitia a grandeza de sua criação.

Na agitada capital de São Paulo, localizada no sul da região sudeste do Brasil, morava a família de Levi, em um condomínio de alto padrão. Empresário bem-sucedido, era um homem de quarenta e seis anos, porém seu semblante sério atribuía-lhe mais idade.

Filho de Eva e Joshua, primogênito de uma família tradicional, bem posicionada social e economicamente, trazia uma educação refinada e seguia uma religião[3] não cristã, de acordo com as regras estabelecidas no meio paterno e materno. Ao lado de seu único irmão, Isaque, liderava com determinação e autoridade os negócios da família.

Mesmo contrariando a vontade de seus pais, Levi casou-se com Ísis, hoje uma mulher de trinta e cinco anos,

3. Partindo de princípios como respeito e ética, não citaremos, ao longo desta obra, o nome da referida religião. (Nota do Autor Espiritual)

de cabelos longos e olhos azuis brilhantes, que demonstrava ter sido muito bela nos primeiros tempos de sua juventude. Todavia, seu rosto estava marcado por uma tristeza e pelo cansaço, que lhe escondia a beleza e a antiga paz, dando lugar a sofrido semblante.

De origem familiar humilde, sua mãe e seu pai morreram quando ela ainda era criança, restando-lhe a amada e fiel irmã Adelaide, chamada carinhosamente por Aidê, uma mulher decidida, de quarenta anos e expressivos olhos castanhos. Com muita dificuldade, Aidê havia conquistado o diploma de Medicina, especializando-se em obstetrícia. Dividia o tempo entre os plantões nos hospitais, para sua subsistência, e o Espiritismo,[4] do qual era seguidora.

Aidê era casada com o neurocirurgião Davi, cujo rosto avermelhado e excesso de peso acentuavam a feição

---

4. Doutrina espírita codificada por Allan Kardec. (N.A.E.)
O que é Espiritismo? "O Espiritismo é, ao mesmo tempo, uma ciência de observação e uma doutrina filosófica. Como ciência prática, ele consiste nas relações que se estabelecem entre nós e os espíritos; como Filosofia, compreende todas as consequências morais que dimanam dessas mesmas relações. Podemos defini-lo assim: o Espiritismo é uma ciência que trata da natureza, origem e destino dos espíritos, bem como de suas relações com o mundo corporal." – KARDEC, Allan, *O Que É o Espiritismo*. 36. ed. Rio de Janeiro: FEB, 1993, p. 50. Obras básicas do Espiritismo: cognominadas de Pentateuco Espírita, compõem-se dos seguintes livros: *O Livro dos Espíritos* (1857); *O Livro dos Médiuns* – ou Guia dos Médiuns e dos Doutrinadores (1861); *O Evangelho Segundo o Espiritismo* (1864); *O Céu e o Inferno* – ou Justiça Divina Segundo o Espiritismo (1865); *A Gênese* – os Milagres e as Predições Segundo o Espiritismo (1868). Além desses livros, o codificador Allan Kardec escreveu também: *O Que É o Espiritismo* (1859); *O Espiritismo em sua Expressão Mais Simples* (1862); *Viagem Espírita* (1862); *Obras Póstumas* (1. ed. – 1890); *Revista Espírita, periódico mensal* (1. ed. – 1º de janeiro de 1858). (N.M.)

carismática. Juntos, dedicavam-se a uma pequena casa espírita,[5] a qual frequentavam.

Ambos formavam um casal feliz, e, apesar de Aidê não poder ter filhos, isso não lhes trazia mais infortúnios ou incômodo semelhantes aos sofrimentos passados. Aceitaram a limitação e seguiram adiante.

Ísis, diferentemente da irmã, formou-se na Faculdade de Psicologia, mas casou-se jovem, e não chegou a exercer a profissão escolhida. Além de respeitar a religião imposta por seu esposo, limitava-se a cuidar do filho Lucas, de apenas doze anos. Naquela oportunidade, este apresentava as seguintes patologias: esquizofrenia, quadro agudo de depressão, agorafobia (como é designado o medo mórbido de lugares públicos e grandes espaços descobertos), agravadas pelas vozes que ele dizia ouvir e por sofrer o chamado Transtorno Obsessivo Compulsivo (TOC), enfermidade cada vez mais comum na atualidade. Ao contrário dos jovens de sua idade, ele recolheu-se e, na maior parte do tempo, permanecia recluso em seu quarto.

Naquela tarde, Aidê foi visitar a irmã. Após as carinhosas saudações disse:

– Minha irmã, como está se sentindo? Parece que passou mais uma noite acordada cuidando de meu sobrinho. Estou muito preocupada com sua saúde.

---

5. Por designação superior, omitiremos o nome deste Núcleo e nos reservaremos a chamá-lo de casa espírita. Igualmente, visando preservar a identidade da responsável dessa casa espírita, a chamaremos carinhosamente de Irene. (N.A.E.)

– Meus últimos dias têm sido muito duros. Tenho dormido pouco, pois ele requer muita atenção – visivelmente preocupada, continuou –, a cada dia, sinto que ele piora. Desconheço a causa de tamanho sofrimento. Tudo fiz para buscar a cura, procurei incontáveis profissionais no meio médico, além de todas as terapias que estavam ao meu alcance. Ele era um menino saudável, mas, depois que completou nove anos, esses sintomas apareceram, e nada os faz parar. Há três anos vejo que ele se apaga, como uma vela que chega lentamente ao fim... Sinto-me sem forças para ajudá-lo – interrompeu, secando uma lágrima tímida.

– Você é uma mãe valorosa, jamais conheci alguém assim, mas, acredite, precisa recuperar suas forças. Dedicou sua vida a ele e esqueceu-se de si própria. Depois de seu casamento, parece que também se apagou, como a vela a que se referiu. Casou-se muito jovem, com sorte e muito esforço conseguiu se formar na Faculdade, mas, infelizmente, nunca exerceu a profissão, apesar de meus incentivos. Senti muito quando arrumou aquele trabalho onde conheceu Levi, pois ficou grávida logo em seguida. Lembro-me de que vocês se casaram contra a vontade de todos. Depois de tudo isso, nem sei como Levi foi capaz de ajudá-la a montar o bufê de festas para crianças. Infelizmente, meu cunhado esqueceu-se das obrigações paternas, culpa você pela situação atual de Lucas e a remeteu ao abandono, deixando-a sozinha para enfrentar esse difícil panorama. – Suspirando, Aidê prosseguiu... – Quando olho para você, vejo alguém enclausurada e infeliz.

– Quando olho para minha vida, sinto que meu casamento termina dia após dia. Nos primeiros meses, fomos muito felizes, depois percebi que ele casou-se somente para afrontar Eva, sua mãe. Sua família nunca me aceitou, porque somos de origem humilde, e eles, ricos. Lucas me ensinou a dar sentido às coisas que realmente têm valor. Como sei que um filho é um presente, sou de alguma maneira feliz por um dia tê-lo concebido. Não me arrependo de nada, mas, por vezes, sinto que nos unimos somente para termos nosso filho e nada mais. Com a doença de Lucas, não tive tempo de pensar em mim, suas requisições são muitas e nada mais me faria feliz a não ser vê-lo curado.

– Diga-me, como está meu sobrinho hoje? Você o levou ao colega que indiquei?

– Sim, ele está melhor. Passou três dias sem crises, sem ouvir vozes ou temer uma perseguição que não existe. O médico indicado acalmou-o um pouco mais e adequou as medicações. Ele disse que a conhecia e que era da mesma religião que a sua. Pediu para que eu levasse Lucas à casa espírita que você frequenta, pois, aparentemente, sua doença não está no corpo, mas no espírito.

– Há muito peço que me acompanhe até lá, mas por causa da imposição religiosa da família de seu esposo sequer se arrisca a conhecê-la, apenas. Não podemos ignorar a importância da Medicina. Jamais lhe pediria para abandonar o tratamento médico, mas devemos entender que muitas doenças não pertencem ao corpo, mas sim ao espírito, e é um dever cuidarmos dele. Sofremos muitas influências do invisível e, como dizia Jesus, devemos "orar e vigiar".

– Sabe bem que não poderei ir. Se Levi descobrir que eu tenho somente a intenção de ir à casa espírita, ele ficará furioso. Outro dia tentei conversar sobre esse assunto, e ele ficou tão nervoso que acreditei que ele agiria de modo violento contra mim. Não posso esquecer que ele, assim como sua família, não é cristão, e eu devo respeitá-lo. Minha sogra, Eva, infelizmente, carrega grande preconceito contra Jesus Cristo e o Cristianismo. Diz sempre que os cristãos são uma casta pobre e ignorante e que por isso o mundo encontra-se como está, em razão da ignorância professada pelo Cristianismo. Não quero mais conflitos por causa de crenças. Acredite, amo os livros que recebo de presente de você e de Davi, eles são para mim um bálsamo, gostaria de conhecer um pouco mais do Espiritismo, mas confesso que, agora, isso para mim é impossível.

– Não vim aqui para cobrá-la, tampouco julgar ninguém. Quero o melhor para você e me preocupo com seu bem-estar. Segundo meu credo, nada ocorre por acaso, então, sei que não está nesta casa porque Deus quer seu mal. Muitas vezes, queremos que nossos familiares comunguem nossos credos, mas nos esquecemos de que cada um traz em si vocações e tendências que nem sempre estão nos ideais nos quais acreditamos. Não queremos ver nossos amores convulsionados por sofrimentos e agonias, mas todos nós carregamos débitos e obrigações que não nos furtam a dor, a angústia e as aflições. Lembremos que o Senhor nos concedeu a liberdade para seguirmos o caminho que escolhermos, basta que aprendamos a escolher melhor. Creio que algo muito especial e iluminado está delineado para seu coração. Seria impossível entender sua situação se, porventura, fôssemos filhos de uma única existência, mas creia da mesma forma que não está sozinha, você poderá um dia mudar o rumo de sua vida. – Alterando rumo da conversação, olhou no relógio e prosseguiu: – Tenho que ir, mas, se precisar de algo, me chame.

Retirando um embrulho de sua pasta, disse:

– Ah, ia me esquecendo, trouxe um presente. Espero que leia com muito carinho e encontre algumas respostas para suas dúvidas. Sei que ele a ajudará muito. Além do mais, há algumas mensagens que poderão confortá-la.

Beijando a testa da irmã, despediu-se e retirou-se rapidamente.

Enquanto isso, Ísis abriu o presente e, desatenta, folheou o livro. Involuntariamente, ela deixou um papel cair ao chão. Abaixou-se e, calmamente, o apanhou e começou a ler sua mensagem:[6]

"Aceite as oportunidades que a vida concede e renasça agora.

---

6. Mensagem do eterno amigo Ferdinando, publicada outrora em outra obra. (N.A.E.)
A página "Renascer", aqui citada, foi publicada no livro *Cânticos de Luz*, 1. ed., São Paulo: Lar Henrique Editora, 1995, ditada pelos Espíritos Ferdinando, Marcos e Raquel, psicografia de Gilvanize Balbino Pereira. (N.M.)

Nas aflições, recupere a paz, projetando nas telas da mente a luz da sabedoria divina, que anima as almas com esclarecimento e compreensão.

Na dor, reexamine as atitudes de ontem, e renove-se, aperfeiçoando a existência, suprimindo a inferioridade, cultuando a retidão dos passos nos caminhos terrenos.

No erro, recolha-se em oração, reavaliando o momento, pensando em silêncio, sem apontar ou recriminar duramente você ou quem quer que seja. Reconsidere, começando por analisar a si mesmo, amadurecendo com sinceridade para a Eternidade.

No preconceito, mantenha a certeza e a esperança no Senhor. Olhe a humanidade como uma criança que inicia a falar as primeiras palavras e que necessita de instrução, paciência e de professores iguais aos servidores de Jesus, que acompanharam o Mestre na pregação do seu Evangelho. Faça florescer um mundo renovado, liberto do egoísmo e do orgulho dilacerador.

Na privação, suporte o sacrifício de viver com pouco ou quase nada. Aumente o esforço por meio do trabalho digno e equilibrado. Aproveite os recursos que enriquecem as mentes e as mãos, marchando rumo ao Cristianismo, perseverando constantemente na construção do reino de amor e de justiça.

Pense em Jesus e deixe renascer a esperança da transformação em seu coração, acendendo na estrada da vida as lanternas de sabedoria divina, alimentando a fé com trabalho renovador.

Pense em Jesus e multiplique o bem que pode realizar ao próximo, elucidando, discernindo e amando, pois Jesus, em momento algum, deixou de pensar em você, fazendo com que renasça Deus sempre em seu coração."

Envolvida pela forte emoção que aquelas singelas palavras haviam promovido, guardou-a entre as páginas do livro que lhe fora presenteado. Imediatamente, refazendo-se, voltou aos seus afazeres cotidianos.

Capítulo 2

Quando mais um dia se inicia...

*"Com sabedoria se constrói uma casa,
e com o entendimento ela se firma; com o
conhecimento enchem-se os celeiros de todo
tipo de bens preciosos e desejáveis."*

PROVÉRBIOS, 24:3-4

NO DIA SEGUINTE, Ísis acordou mais cedo que de costume.

Enquanto Francisca, uma criada que lhe servia desde o nascimento de Lucas, preparava o desjejum familiar, ela aproximou-se, ansiosa:

– Hoje comemoraremos nosso aniversário de casamento. Quero fazer uma surpresa para Levi. Preciso de sua ajuda para preparar um jantar especial. Comprei um presente que, acredito, o deixará feliz. Além do mais, há muito não festejamos nossas bodas.

– Minha querida, se você acha que isso lhe ajudará, faça, mas não espere nada em troca. Seu esposo é um homem muito duro e talvez não receba com tanta doçura todo seu empenho.

– Sabe bem o quanto tenho por você um incalculável carinho, mas peço que não implique com ele, tudo dará certo.

– Não é implicância, é a realidade, ele não chega cedo em casa e, além do mais, evita o convívio com o nosso Lucas. Temo que se magoe mais do que já está magoada.

– Tenho fé: hoje, será diferente.

– Ninguém muda da noite para o dia, então é melhor não ter muitas esperanças ou criar muitas expectativas. – Após profundo suspiro, continuou: – Farei tudo para que tenha uma noite perfeita. Deus nosso Pai não nos esquece em sofrimento, além do mais, devemos ter coragem para carregarmos nossa cruz, suportarmos nossas dores e, mesmo assim, continuarmos com fé, sem desânimo, pois tudo passará e nos conduzirá ao caminho do Senhor.

– Há pouco, acreditei estar ouvindo minha irmã falar. Você disse coisas que ela também me fala constantemente.

– Você e Aidê são como filhas para mim. Ela me levou à casa espírita que frequenta e, há seis meses, não consegui mais deixar de ir. Participei de muitas reuniões espíritas e sempre fui muito bem acolhida. Devia ir até lá. Aprendi uma prática muito especial chamada "Evangelho no Lar".[7] Acho que, pelo bem de Lucas e de todos nós, deveríamos iniciá-la aqui. Assim, melhorará o ambiente de sua casa e a protegerá das más influências.

---

7. "O que é o Evangelho no Lar? Trata-se do estudo do Evangelho de Jesus em reunião familiar, realizado no ambiente doméstico. Objetivos: Desenvolver em todos os lares o hábito salutar das Reuniões Evangélicas, para que desperte e acentue o sentimento de fraternidade que deve existir em cada um de nós. Higienizar o lar por meio da paz e compreensão que o Evangelho no Lar oferece, unindo mais os componentes familiares, proporcionando-lhes uma vivência mais tranquila, elevando o padrão vibratório dos pensamentos e sentimentos. Facilitar, no lar e fora dele, o amparo necessário para enfrentar as dificuldades materiais e espirituais, mantendo operantes os princípios "Orai e Vigiai". Quer saber mais sobre o Evangelho no Lar? Caso queira se aprofundar em relação a esse tema, ao final deste livro há um roteiro simplificado sobre essa prática. (N.M)

– Um dia, eu irei. Agora, não posso ser a razão de mais conflitos do que já temos, os quais você conhece muito bem. – Alterando a conversa, continuou: – Fiquei curiosa com essa tal prática, o "Evangelho no Lar". Disse que ela poderia ajudar meu filho e a nós. Do que se trata?

– É um estudo do Evangelho de nosso Senhor Jesus Cristo, realizado em uma reunião familiar em nosso lar. Sua finalidade é desenvolvermos em nossas casas a harmonia, o hábito da oração, para termos coragem de enfrentar nossos desafios pessoais. Afinal, antes de partir, Jesus disse: "Pois onde dois ou três estiverem reunidos em meu nome, ali estou eu, no meio deles."[8] Eu e você poderíamos iniciá-lo. Sinto que esta residência, assim como você, seu esposo e seu filho, precisam de muita luz e proteção.

– Quero saber mais sobre essa prática. Se ela é tão extraordinária, iniciaremos o mais breve possível. Pediremos a Aidê e Davi que nos ajudem.

Enquanto preparavam o desjejum, continuaram conversando animadamente sobre os detalhes do jantar e sobre o dia em que fariam a primeira reunião do "Evangelho no Lar".

AINDA NAQUELA manhã, Ísis corria para atender às requisições de Levi, que havia, como de hábito, despertado irritadiço, para iniciar mais um dia de trabalho.

8. Mt, 18-20. (N.A.E.)

A tensão do ambiente piorava, pois Lucas, mesmo sendo chamado muitas vezes, permanecia em seu quarto, deitado em sua cama.

Ísis, percebendo a dificuldade do momento, tentou intervir para que mais uma briga fosse evitada. Encaminhando-se até aos aposentos do filho, disse carinhosamente:

– Meu querido, acorde, hoje seu pai aceitou levá-lo à escola, e ele já está com pressa. Por favor, levante-se, não quero vê-lo nervoso.

– Mãe, não me sinto bem, deixe-me ficar em casa – após longo espreguiçar, continuou. – Não me obrigue ir à escola, tampouco com ele. Eu o odeio...

– Vamos, não faça isso, é o único momento que você e ele podem estar mais próximos. Além do mais, depois que fomos ao médico que sua tia indicou, estava bem melhor, e até manifestou interesse em voltar às aulas. Por isso, insisti com seu pai para levá-lo em meu lugar. Faça isso por mim, somente hoje.

Inexplicavelmente, o ambiente pareceu estranho e desagradável. A expressão de Lucas, sempre calma, se transformou, ele parecia tomado por uma mistura de ódio e pavor. Revelando perversidade no olhar, descontrolado, começou a gritar:

– As malditas vozes voltaram para dentro de minha cabeça. Estou louco, quero morrer... Quero morrer... Eles querem me levar e dizem que meu pai é o culpado por tudo isso. Eu o odeio... Odeio...

Nesse momento, Ísis percebeu a presença de Francisca, que imediatamente colocou-se a ajudá-la. Ela, com bondade, respeitando as próprias limitações e medo, colocou, corajosamente, a mão sobre a testa do jovem, e orou com fervor.

Tempos depois, Lucas foi lentamente acalmando, como se estivesse vencido. Um inexplicável sono o envolveu. Ísis o acomodou entre algumas almofadas, o cobriu e, quando se certificou que estava dormindo, junto com Francisca, se retirou silenciosamente.

LOGO APÓS, Ísis encaminhou-se para a copa, onde Levi, vestido em um elegante terno azul marinho, saboreava uma xícara de café, enquanto corria os olhos nas notícias mais relevantes de seu jornal, como se as últimas ocorrências não houvessem lhe causado nenhum infortúnio.

Ísis, diante da frieza e do distanciamento do esposo, buscando forças em seu íntimo, disse:

– Nosso filho precisa de nós. Não escutou o que aconteceu há pouco? Rogo-lhe que não se afaste dele, pois precisamos de você aqui, conosco.

Levi, cheio de impaciência e cólera, lançou a xícara sobre a mesa, derramando o café sobre a toalha alva bordada. Tomado por uma incontida ira, disse:

– Não suporto mais tudo isso, essas crises e você. Quanto já investi em tratamentos, médicos, remédios? E a cada dia ele piora. Quando ele estará curado? Em verdade, chego acreditar que ele mente para você, e essa mentira é encoberta com essa suposta doença. Em minha opinião, ele não quer nada. Uma surra seria bem útil. Você é a culpada por ele estar assim, cheio de preguiça, transformando-se em um imprestável.

– Meu querido, não fale assim de Lucas. Tenho me esforçado para que ele melhore. Acompanhei-o aos melhores médicos e sei que ele se curará. Apesar dessa situação, ele é nosso filho, e devemos aceitá-lo como é. Acredito que você e ele deveriam estar mais próximos. Dessa maneira, aprenderia a aceitar a situação que nos cerca. Precisa conhecê-lo melhor, assim descobrirá o quanto ele é especial.

– Desde que ele foi diagnosticado com todas aquelas doenças, não tenho paz. Um dia são vozes que ouve alucinadamente; em outros, são os transtornos compulsivos. Na minha posição, não consigo viver com um louco. Nunca pensei que teria um filho excepcional. Todos esses anos, você se dedica integralmente a ele. Já cumpri minha obrigação, não deixando faltar nada a vocês. Não exija de mim mais do que já ofereço. O que você quer mais de mim?

– Quero que você se aproxime de nosso filho e o compreenda. Ele está doente precisamos aceitar a realidade.

Levi, ouvindo aquelas palavras, não se conteve, segurou-a fortemente pelos braços, sem o menor sinal de equilíbrio, e desferiu-lhe sucessivos tapas, entre gritos encolerizados:

– Olhe para você e coloque-se em seu lugar. Você é o que é hoje graças a mim. Foi incapaz de me dar um filho saudável. Minha família me cobra e diz que tudo isso é um castigo por eu ter insistido em casar-me com você. Uma maldição caiu sobre mim por sua causa. Envergonho-me de tê-la como esposa e de ser pai desse louco.

Francisca, ao presenciar tamanha crueldade, não mediu consequências e interveio:

– Senhor, acalme-se, sei o quanto me respeita. Por isso, peço: solte sua esposa para que não cometa mais um ato impensado do qual possa se arrepender depois.

Ouvindo-a, esmoreceu e soltou-a. Ísis, vencendo as dores físicas e sobretudo as de sua própria alma, secando as lágrimas, ainda tentou argumentar:

– Você sabe o quanto tentei engravidar, mas não consegui... Nosso casamento se desgastou, mas creio que conseguiremos vencer a crise que nos cerca e voltaremos à felicidade de outrora.

Tentando aliviar a tensão do momento, disse, inocentemente:

– Vou esperá-lo para o jantar.

Ignorando-a, pegou as chaves do carro e saiu rapidamente, deixando para trás um clima de tristeza e desânimo.

Ísis, visivelmente abatida, recebia em silêncio o desprezo do esposo, sentindo que seu coração em ruínas batia mais lento em seu peito, enquanto as lágrimas eram suas companheiras, e Francisca a consolava carinhosamente.

Capítulo 3

Quando as obrigações profissionais se confundem com a ilusão...

"Feliz é o homem que encontrou a sabedoria, o homem que alcançou o entendimento! Ganhá-la vale mais que a prata, e o seu lucro, mais que o ouro. É mais valioso do que as pérolas; nada que desejas a iguala."

PROVÉRBIOS, 3:13-15

CHEGANDO AO local de trabalho, imediatamente seus funcionários colocaram-se a servi-lo, enquanto uma mulher madura, bem posta, educada, chamada Maria da Luz, organizava para ele os diversos papéis a serem assinados e posteriormente e apresentou-lhe a agitada agenda do dia. Logo em seguida, retirou-se.

Nesse ínterim, Isaque, irmão de Levi, um homem jovem, porém com um semblante que lhe atribuía muitos anos, passando em frente da sala do irmão, parou, bateu sem anunciar-se, e entrou:

– Bom dia! Não se esqueça de que temos aquele compromisso hoje à noite. Já confirmei nossos habituais lugares no bar de costume. Prometeram-me muita diversão e bebida, além daquilo a que estamos acostumados. Excelentes surpresas nos aguardam.

Sentado atrás de uma grande mesa, em um escritório fino e bem decorado, agiu naturalmente:

– Como poderia esquecer? – Levi, sorrindo, prosseguiu: – Logo o dono nos oferecerá sociedade, de tanto que frequentamos esse lugar. Todos nos conhecem, e preciso mesmo tomar uma boa bebida entre amigos. Preciso aliviar minha cabeça, que está cheia e cansada.

– É verdade! Somos assíduos frequentadores. Um dos donos me disse que teremos algumas novidades hoje, e não podemos perdê-las. Ele está revigorando seu negócio. – Com um sorriso sarcástico, Isaque continuou: – Nossas esposas são tolas, de nada desconfiam. Sempre justifico a ausência em meu lar em razão de compromissos profissionais. Com isso, ela sequer imagina onde realmente estou.

– Utilizo do mesmo artifício, embora não possa reclamar de Ísis, suas cobranças não me afetam, é uma pessoa simples, e acredito que é uma pobre ignorante. Então, a desprezo. No meu caso, como Lucas é um doente, isso me facilita muito, ela se dedica dia e noite a ele e me esquece. Muitas vezes, acredito que vivo ao lado de uma irmã e não de uma mulher.

– Não posso dizer o mesmo quanto à minha esposa, Sônia. Ela frequenta o nosso meio social e religioso, mas é fútil e cheia de vaidades. Mesmo que saiba o que faço, acredite,.o dinheiro lhe cala de pronto. Ela nunca sentiu nada por mim, tivemos nossos filhos e somente isso. Quando você enfrentou mamãe, tive inveja de sua coragem, e Ísis pareceu-me uma boa jovem. Não consigo entender o que aconteceu entre vocês, antes pareciam tão apaixonados.

– Eu não sou um homem para casamento ou qualquer tipo de união estável, sou para muitas mulheres. Gosto de viver livre, sem compromissos. Ninguém será capaz de entrar em meu coração, há muito me fechei às questões de amor. Não quero me magoar com essas histórias. Não consigo explicar racionalmente, mas sinto que meu coração, de algum modo, foi muito ferido, e sequer consigo compreender meus sentimentos. Lembre-se, eu não tinha muita escolha, mamãe havia me arrumado um casamento por conveniência, semelhante ao seu. Pensei que, se conhecesse alguém que eu pudesse dominar, não perderia minha liberdade. Fui de algum modo agraciado com isso – continuou Levi, com frieza. – Então Ísis, ainda na Faculdade, foi contratada. Uma jovem simples, mas muito bonita.

Aproveitei a oportunidade. Por que não apresentar-lhe um mundo de ilusões, restaurantes caros, viagens, coisas que ela jamais poderia ter? Só não esperava que ela engravidasse tão rápido. Então, por que não utilizar a gravidez a meu favor? Livrei-me do casamento arranjado por mamãe para desposar uma mulher sem personalidade, fácil de controlar. Em questão de meses, lá estava eu, casado. Para os negócios e para a sociedade, um homem estável, mas para a família, um revoltado.

– Naquela ocasião – continuou Levi –, mamãe ficou desesperada e enfurecida. Veio até aqui e me pediu para oferecer dinheiro para Ísis fazer o aborto e dizer que depois seria mantida por nós, claro que não era verdade. Confesso que admiro minha cunhada, não a acho tão fraca assim. Enfrentou-me e disse que mesmo que tivesse que criar a criança sozinha assim o faria e que não queria nada de nós. – Com sarcasmos, continuou: – Há mulheres que ao falarmos de maternidade são corajosas e se assemelham a leoas protegendo seus filhotes.

– Depois disso, lembre-se do que passamos. Mamãe obrigou-nos a fazer com que Ísis e Sônia assinassem, antes do casamento, um documento abrindo mão de todos os bens do casal, caso venhamos a morrer e também nossos filhos. Com isso, se elas se casarem novamente, ninguém desfrutará de nosso patrimônio. Seus direitos valem apenas enquanto estivermos vivos. Ísis, acreditando cegamente em mim, assinou sem ao menos saber do que se tratava, pois eu lhe disse que era a respeito da compra de uma propriedade.

– Os documentos estão no cofre da casa de nossa mãe e há uma cópia no banco – disse Isaque, com amargura. – Infelizmente, não tive a mesma sorte que você. Não consegui enganar Sônia e fazê-la assinar uma declaração como essa. Ela não se conforma até hoje. Por isso, sabe bem usar meu dinheiro e me ignora como esposo.

– Pelo menos você tem dois filhos normais e não tem que aguentar as severas cobranças de nossa mãe. – Após longo suspiro, continuou. – Ela é uma mulher dominadora, enquanto nosso pai... é um homem passivo e dominado por ela. Sei que ela traz em seu coração uma mágoa muito grande por mim, em virtude do meu casamento. Desde que meu filho ficou como está, ela me pediu que não o levasse mais a sua casa. Sequer comentei isso com Ísis, apesar de que ela, alheia aos fatos, sempre pede que eu o leve para visitar os avós. Meu pai, escondido, de vez em quando vai até minha residência, para ver o neto. Parece que ele gosta muito de Ísis e adora meu filho, mas mamãe os odeia.

– Meu irmão – concluiu Isaque –, se dona Eva, nossa mãe, mandou, é melhor obedecer. Não leve jamais meu sobrinho lá, pois não queremos vê-la nervosa.

Sorrindo, despediu-se e se retirou sem nada mais dizer, enquanto Levi, segurando sua agenda eletrônica e alguns papéis, encaminhou-se para a reunião que o aguardava.

APÓS O ALMOÇO, Maria da Luz mantinha-se concentrada em suas atividades, mas, entre uma tarefa e outra, Levi lhe pediu:

– Peça para Cleo vir urgentemente à minha sala.

Sem questioná-lo, atendeu-lhe a solicitação.

Tempos depois, com discrição, uma jovem com aproximadamente vinte e quatro anos, olhos castanhos, cabelos longos, iluminados pela cor clara que lhe ressaltava a beleza, chegou.

Após as devidas anunciações, adentrou a sala bem decorada. Antes de sentar-se, disse:

– Estamos juntos há tanto tempo que ouso dizer que o conheço muito bem. Seu semblante o denuncia. Brigou novamente com Ísis. Estou certa?

– Sim. Infelizmente, não suporto mais aquela situação. Lucas é um louco... Por mim, ele estaria fora de minha casa, internado em hospital que pudesse conter aquelas horríveis crises. Infelizmente, Ísis se dedica tanto a ele que esqueceu que há um mundo em sua volta. Vivemos um casamento de aparências. Como me arrependo de ter casado com ela.

Era jovem e tolo, quis afrontar minha família, em especial minha mãe, então veja as consequências. Como o tempo não volta, tenho que seguir adiante. – Entre olhares sedutores e inebriantes, continuou: – Em breve, me libertarei e ficarei em paz, sem ninguém a me perturbar, assim teremos mais tempo para estarmos juntos...

Entorpecida por uma paixão proibida, intercedeu:

– Sempre fala assim, me promete tantas coisas que já não acredito mais. Sabe que não tenho ninguém nesta cidade. Meus pais morreram e meu único irmão mora no interior. Você é a única pessoa em minha vida. Aguardarei, pacientemente, o dia em que definitivamente sua separação aconteça.

– Não me venha com cobranças tolas. Mulheres são iguais. Dizem que são liberais, que querem um amor livre, mas no fundo querem mesmo uma união estável. Não ouse forçar-me a nada. Está louca se acreditar que eu me casaria novamente. Quando me separar, viverei minha vida, e não quero compromissos com ninguém. Aliás, nunca quis.

– Quem ou o que o fez ficar tão incrédulo quanto às questões de amor? Nunca lhe fiz imposições. Dias desses estava pensando em sua esposa e em como ela é uma boa mãe, virtude que ninguém pode omitir. Confesso que senti um aperto em meu coração e um sentimento de culpa tomou-me a alma. Uma amiga que trabalha aqui, dona Guilhermina, sempre me diz que você jamais ficará comigo e não entende por que insisto neste relacionamento. Aconselhou-me, dizendo que sou jovem e posso encontrar alguém que não tenha uma família, que sinto-me solitária porque não tenho ninguém aqui. Disse-me, ainda, que se você trai sua esposa, certamente fará o mesmo comigo se ficarmos juntos. – Respirando fundo, continuou: – Entretanto, eu não quis acreditar em tudo isso. Sei que somos muito diferentes, mas algo mais forte do que meu entendimento uniu-me a você. E apesar de já ter tentado me desvencilhar desse relacionamento, não consigo, sinto-me presa, como se uma algema invisível me prendesse e impedisse minha libertação.

– Está muito filosófica. Aliás, uma característica que não possui. Quem sabe sua amiga esteja certa quanto a mim – disse, com sarcasmo. – O que respondeu para ela?

– Que eu o amei muito, mas hoje me sinto confusa e insegura... Temo o futuro e que me magoe.

– Não me incomode com tolices, somos adultos e vivemos um simples caso de amor. Além do mais, aqui é paga para cumprir suas obrigações, e não para me aborrecer com contos de fadas. Fora do escritório, aí sim, você é minha mulher.

Cleo levantou-se e retirou-se em silêncio, enquanto Levi, sentado em confortável cadeira, perdido em diversos pensamentos, admirava a vista que seu escritório lhe propiciava.

Capítulo 4

Quando o coração se embriaga pela ilusão...

"Não confies em tuas riquezas e não digas:
'Sou autossuficiente.' Não deixes teu desejo e tua força
te arrastarem, indo atrás das paixões do coração."

PROVÉRBIOS, 5:1-2

AQUELE DIA seguiu veloz.

Já no meio da noite, na residência de Levi, Ísis havia decorado uma mesa para o jantar e também havia se aprontado, como há tempo não fazia.

Lucas, mais sereno, permanecia em seu quarto, quando Francisca aproximou-se:

– Perdoe-me, não quero ser pessimista, mas tem certeza de que quer continuar com isso? Veja que horas são, e ele ainda não chegou. Sinto dizer, mas acho que ele não virá, como nas outras noites.

– Ele virá, eu sei. Não perderei a esperança.

– Minha querida, há tempo não te via assim, tão bonita. Esqueceu-se de você, mas não se esqueça jamais que, antes de ser esposa e mãe, é uma filha de Deus, amada pelo Senhor. – Com um semblante preocupado, continuou: – Temo que se magoe, afinal, seus dias já não são tão fáceis, e hoje poderia ser especial, banhado por uma grande festa e alegria. Infelizmente, Levi sempre está envolvido com as obrigações do escritório e dificilmente retorna cedo. Melhor entregarmos nas mãos do Senhor nossas apreensões. Irei para meu quarto e, se precisar de alguma coisa, me chame, não importa a hora.

– Não se preocupe, tudo ficará bem. Quero ter a consciência tranquila de quem tudo fez para viver bem, para resgatar o casamento, e sei que o Senhor há de me auxiliar. Agora, vá descansar, ficarei aqui, na sala, esperando ele chegar.

Francisca recolheu-se, enquanto Ísis, sentada em uma confortável poltrona, folheava o livro com o qual sua irmã havia lhe presenteado e, entre outras, leu a seguinte página:[9]

> *"As uniões procedem dos céus e, em sua grande maioria, são frutos de compromissos assumidos na esfera espiritual.*
> *Para uma relação perdurar nos pilares de equilíbrio, é importante que os homens e as mulheres sigam a estrada da vida, embasados nos códigos de respeito mútuo e tolerância.*
> *Para cumprir o que se comprometeu espiritualmente a realizar e superar todas as perturbações do lar, tanto o homem quanto a mulher deverão se sujeitar a uma mudança de comportamento, que, em muitas ocasiões, é interpretada como cárcere domiciliar e não como burilamento do espírito ou como freio de Deus para o crescimento de seus filhos.*
> *Casamento não é sinônimo de cotidiano monótono. A máquina que une as criaturas à vida é ativa. Antes de*

---

9. Mensagem do eterno amigo Marcos, publicada em outra obra. (N.A.E.)
A página "Casamento", aqui citada, foi publicada no livro *Cânticos de luz*, 1. ed., São Paulo: Lar Henrique Editora, 1995, ditada pelos espíritos Ferdinando, Marcos e Raquel, psicografia de Gilvanize Balbino Pereira. (N.M.)

depositarmos em alguém a culpa pela própria estagnação, devemos nos analisar, equilibrando as responsabilidades do casamento com a evolução individual de cada um, pois cada criatura consciente é responsável por si.
No lar, nasce o alicerce para a vida. Deus delega seus filhos para serem cuidados em regime de tutela matrimonial. Cabe a cada um entregá-los melhorados, abençoando-os e aprimorando silenciosamente o nosso espírito, nos princípios de causa e efeito, dominando as dificuldades do conviver e conquistando o triunfo da paz."

ENQUANTO ISSO, Levi e Isaque, acompanhados de mais de cinco amigos, encerraram mais um dia de trabalho e foram honrar o compromisso noturno assumido. Ao chegarem, os irmãos, no mesmo ostentoso carro, desceram, enquanto o motorista que habitualmente os conduzia àquele local foi estacionar o veículo.

Em pé, diante de um luxuoso prédio, extremamente bem frequentado em vista das pessoas que ali adentravam e saíam, afrouxavam a gravata, sob os olhares atentos de homens que exerciam o papel de segurança daquele local.

Não demorou muito tempo para que uma jovem recepcionista exageradamente maquiada os atendesse e os encaminhasse para a sala *VIP*,[10] onde ficariam até que a mesa de costume estivesse pronta para recebê-los.

---

10. VIP: sigla referente à expressão *Very Important Person* (pessoa muito importante). (N.M.)

Tempos depois, foram conduzidos por cortês cavalheiro até o destino e, acomodados, seus pedidos, foram anotados.

Enquanto isso, jovens sedutoras passeavam pelo recinto. A música alta de outro ambiente podia ser ouvida de onde estavam.

Todavia, nem tudo parecia ser como os olhos da matéria presenciavam. No mundo invisível,[11] o cenário era um tanto diferente.

Irradiações degradantes e escuras eram emanadas daquele local que era cercado e devidamente guardado por inúmeros 'leões de chácara',[12] que nada mais eram do que os filhos de Deus decaídos, envolvidos pelos próprios passados e em uma triste insensatez. Seus corpos eram assustadores, bizarramente aumentados de tamanho, e suas feições que um dia foram rostos de homens comuns agora estavam modificadas e atrozes.

Entretanto, algo em especial chamava a atenção.

---

11. O relato a seguir não tem intuito em expor aqueles que ainda não se libertaram de trevas íntimas ou simplesmente trazer notícias dos planos inferiores, mas sim confirmar que, se mudarmos o padrão de pensamento, poderemos ajudar àqueles que tanto precisam de nós. Salientamos que também não estamos aqui para julgar a ninguém que frequente lugares que ainda orbitem nessas faixas vibracionais. O importante é a conduta de cada um, a percepção do mundo e, sobretudo, de si mesmo. Saber entrar e saber a hora de sair; saber o que precisamos mudar e o momento de mudar são fatores fundamentais para não ser mais um na fila dos sofredores vinculados aos difíceis vícios da Terra. O importante é não afinar-se com os pensamentos das trevas. Os filhos de Deus jamais podem se esquecer do caminho reto que nos leva ao Senhor. Para trilharmos esse caminho, o Senhor não nos pede santidade, mas responsabilidade, renúncia e conhecimento. (N.A.E.)

12. Guardião de casas de diversões. *Dicionário Aurélio Eletrônico* – Século XXI – Versão 3.0, nov./1999. (N.M.)

Das paredes, descia lento, mas constante, um líquido viscoso, mesclado de negro, cinza e castanho. Nada mais era do que o extravasar de fluidos deletérios, energias negativas que preenchiam o ambiente. Essa densidade fluídica tão maléfica – produzida por aqueles que frequentavam o local e se detinham em pensamentos e conversação vulgares sobre sexo, política, negócios – alimentava desencarnados das sombras, que ali permaneciam para satisfazer suas terríveis necessidades. A imoralidade e o fascínio pelos prazeres sexuais prendiam aqueles filhos de Deus encarnados a espíritos igualmente subjugados à animalidade, aos instintos.

Curiosamente, três criaturas, ao verem Levi e Isaque, disseram, com uma voz transformada:

– *Pontualmente, nossos clientes preferenciais.*

Assim eram esses filhos de Deus que recepcionavam os frequentadores: saudando-os, desejam-lhes as boas-vindas.

JÁ NO AMBIENTE interno, encarnados e desencarnados vibravam na mesma frequência. Tênues fios de cinza escurecido ligavam suas mentes, por meio da atração dos pensamentos que comungavam.

Forte odor de uma mistura de perfume forte, bebidas e o visgo que descia pelas paredes não era notado do lado de fora, mas ali, fechado, se potencializava, inebriando e contaminando o recinto.

Em uma pista de dança, homens e mulheres, extasiados, dançavam ao ritmo contagiante de músicas propositalmente escolhidas com a finalidade de seduzi-los. Atraídos por incontrolável vibração, eram arrastados por uma força que desconheciam: o poder do pensamento. Seres desencarnados que um dia compartilhavam dos mesmos sentimentos e pensamentos, misturavam-se entre eles, não como adversários, mas alinhados, para vencer as batalhas da sedução envolvidas pelo magnetismo do sexo fácil.

Havia mesas repletas de filhos de Deus que tentavam expressar alegrias, manifestando gargalhadas e conversas vazias, sem valor.

Um local em especial chamava a atenção, era o bar. Enquanto os homens encarnados, em seus uniformes negros, manipulavam diversas e exóticas bebidas, eram eles auxiliados no invisível, por infelizes criaturas.

Em cada copo, perfeitamente decorado, era depositado um fluído esverdeado, de acordo com a qualidade moral e as virtudes de cada cliente. Curiosamente, notava-se uma espécie de larva, que neste relato chamaremos de obsidiana, denominação de um tipo de vidro vulcânico, de aparência cinza escura e translúcida, encontrado na Terra, rico de quartzo, com uma estrutura rígida, de cor cinza escuro e translúcida.

A obsidiana, um micro-organismo, hospeda-se em grande parte no cérebro do encarnado. Muitos, seguindo o fluxo sanguíneo, alojam-se no órgão mais fragilizado da criatura, que os recebe, e lá se acomodam. Causam ao hospedeiro uma sensação inicial de êxtase e prazer.

Como o pensamento é força condutora de nosso espírito, ele também é o reflexo de nós mesmos. Nele, está nossa sintonia e nosso padrão vibracional, tanto para o mal quanto para o bem.

Ao abrir brechas que permitem a atuação das sombras, o pensamento negativo cria vários tipos de abscessos mentais. Altera a atmosfera psíquica, causa desarmonia orgânica e destrói nobres intenções, dando lugar ao desânimo, revolta, ódio, amargura e culpa.

Então, se o corpo adoece em razão do quadro apresentado, o corpo espiritual, o perispírito,[13] também não está ileso. Espíritos presos a lamentáveis desvarios transformam-se em um reservatório de micro-organismos que se alojam em sua mente e se reproduzem. Por meio de uma força de atração e magnetismo, intensificam suas aptidões inferiores, marcando-os com moléstias que impedem o fluxo normal de suas faculdades mentais.

Dessa forma, contribuem para agravar a atmosfera fluídica que envolve a crosta terrestre, tal a intensidade

13. "Perispírito: 93. O Espírito, propriamente dito, sem nenhuma cobertura tem, ou, como pretendem alguns, está sempre envolto numa substância qualquer? Envolve-o uma substância, vaporosa para os teus olhos, mas ainda bastante grosseira para nós; assaz vaporosa, entretanto, para poder elevar-se na atmosfera e transportar-se aonde queira. Envolvendo o gérmen de um fruto, há o perisperma; do mesmo modo, uma substância que, por comparação, se pode chamar perispírito, serve de envoltório ao Espírito propriamente dito.
94. De onde tira o Espírito o seu invólucro semimaterial? Do fluido universal de cada globo, razão por que não é idêntico em todos os mundos. Passando de um mundo a outro, o Espírito muda de envoltório, como mudais de roupa.
95. O invólucro semimaterial do Espírito tem formas determinadas e pode ser perceptível? Tem a forma que o Espírito queira. É assim que este vos aparece algumas vezes, quer em sonho, quer no estado de vigília, e que pode tomar forma visível, mesmo palpável." Extraído de KARDEC, Allan. *O Livro dos Espíritos*, 14. ed. São Paulo: Petit Editora. (N.M.)

dessas vibrações negativas. Em razão de sua funesta vocação para o mal, muitos espíritos são vítimas da obsidiana, em consequência de sua maléfica sintonia mental. Para iniciar a grande jornada de volta à luz, o conhecimento grego continua válido “conheça-te a ti mesmo”.[14] Em seguida, é necessário querer, pois “ninguém pode auxiliar quem não queira ser auxiliado”.

A fé racional não leva ninguém à inércia. Ela é renovadora, branda, sabe esperar o momento certo da transformação da vida, porque a vida não salta, a vida possui os momentos certos para anunciar o novo, e ele só se manifesta quando estamos maduros para suportarmos as consequências daquilo que Deus nos reserva.

A MADRUGADA já anunciava que as horas haviam avançado além do planejado.

A aparência de Levi e Isaque era lastimável.

---

14. Havia, na cidade de Delfos, na Grécia antiga, um santuário dedicado ao deus Apolo, deus da luz, da razão e do conhecimento verdadeiro, o patrono da sabedoria. Sobre o portal de entrada desse santuário estava escrita a grande mensagem do deus ou o principal oráculo de Apolo: *Nosce te ipsum* (Conhece-te a ti mesmo). Um ateniense, chamado Sócrates, foi ao santuário consultar o oráculo, pois em Atenas, onde morava, muitos diziam que ele era um sábio, e ele desejava saber o que era um sábio e se ele poderia ser chamado de sábio. O oráculo, que era uma mulher (a sibila), perguntou-lhe: “O que você sabe?”. Ele respondeu: “Só sei que nada sei”. Ao que o oráculo disse: “Sócrates é o mais sábio de todos os homens, pois é o único que sabe que não sabe”. Sócrates, como é sabido, é o patrono da Filosofia. Disponível em: <http://www.educacional.com.br>. Acesso em: 10 fev. 2010. (N.M.)

Enquanto aguardavam a chegada de seu motorista, sequer poderiam imaginar que eram minuciosamente observados a partir de um mundo impiedoso, liderado por corações duramente endurecidos.

Lá estava, no invisível, Abadom,[15] um espírito que nitidamente exercia a liderança, naquela gravíssima zona obscura, e permanecia atento, ao lado de um de seus seguidores, que ele mesmo havia orientado para o mal. Era ele o líder das sombras chamado Cimério, conhecedor, outrora, dos mecanismos da Medicina humana. Juntos, observavam atentamente cada gesto dos irmãos.

– *Conforme suas ordens* – disse Cimério –, *eles estão completamente envolvidos por nossa magnetização.*

– *Bom trabalho!* – Com os olhos avermelhados, continuou: – *Eles são meus. Subornei muitos para poder possuir o domínio sobre Levi. Sua mente é totalmente minha. Venci! Ele me deve muito: proteção, bons negócios, amores. Também submeti à minha vontade os médiuns que pretenderam auxiliá-lo. Não foi difícil: eram criaturas comprometidas por atitudes e inclinações inferiores, indiferentes ao estudo.*

– *Por vezes, me surpreendo com seus conhecimentos sobre o mundo dos negócios.*

– *Ora, não me subestime! Do mundo desses pobres executivos, de suas técnicas, política e métodos de sedução, entre muito mais, sou profundo conhecedor.*

15. Abadom, do termo *Abaddon*, do hebraico, tem o significado de "destruição". Na Bíblia, figura no Livro de Jó (26,6) e no Livro do Apocalipse (9,11). (N.M.)

– Quais foram as armas utilizadas para conseguir que eles estejam em tal estado de subjugação?

– Nada de novo! Influenciei-os por meio de suas próprias fraquezas. Seus pensamentos e sentimentos inferiores, como luxúria, dinheiro, poder e, principalmente, o egoísmo. Utilizei tudo isso contra eles. Lembre-se: vença os inimigos, atacando seus pontos fracos.

– Nosso trabalho ainda não terminou. Ainda não dominamos totalmente aquele que está sob nossa influência.

– Levi e Isaque são nossos, e, em breve, dominaremos Lucas, mas, para chegar a ele, temos que vencer sua mãe e, especialmente, sua tia Aidê e aquele abominável Davi. – Com ironia, prosseguiu: – *Aidê, aquela imprestável, atraiu-me, não sei ainda ao certo como fez, para tal casa espírita. Tolos, tolos e tolos..., pensavam que estavam me doutrinando, mas eu os enganei.*

Aqueles que se intitulavam doutrinadores diziam-se humildes, mas, em verdade, eram orgulhosos e vaidosos, diziam-se estudiosos, mas de fato sequer abriam um livro para estudar. Falavam da força da fé e do Evangelho, mas não vivenciavam seus ensinamentos em suas vidas. Fingi que havia sido tocado pela suposta luz e pela bondade daqueles que um dia se esqueceram de mim, os iluminados. Então, fui embora, voltei para meus afazeres e arrastei muitos médiuns de lá para o meu lado. Foi muito fácil enganá-los, menos Aidê. Quando percebeu que os médiuns do lugar que frequentava eram imprudentes, vulneráveis à minha influência, ela procurou outro lugar para trabalhar a mediunidade. Confesso que esta casa a qual ela frequenta agora me preocupa. Os tais benfeitores, especialmente um médico espiritual chamado Saul, acham-se muito fortes. Algo nesse homem me perturba, mas ainda não consigo compreender. Com esses iluminados, membros daquele local, devemos tomar muito cuidado, mas os venceremos.

Nesse momento, o motorista estacionou o carro e abriu as portas, para que os irmãos entrassem. Com dificuldade, em razão da embriaguez, mal sentaram e já estavam adormecidos. Enquanto isso, os líderes daquele local, os leões de chácara e outros espíritos, viam os demais frequentadores saírem naqueles estados deprimentes e repugnantes e emitiam sonoras gargalhadas.

Todavia, Deus, não alheio a todos os fatos que acercam seus filhos, sem julgamentos, encaminhou seus anjos para estabelecerem sua vontade e fazer prevalecer a paz e o amor.

Do outro lado da rua, Saul e sua equipe, benfeitores espirituais que amparavam a casa que Aidê frequentava, observavam, a distância. Sem sentenciar a ninguém, aguardavam o momento oportuno para agir por meio da luz que os envolvia. Sabiam que estavam diante de um difícil e triste desafio: enfrentar aquela zona de trevas e, assim, auxiliar os filhos de Deus a se libertar de seus fantasmas íntimos e encontrar, por fim, a libertação.

NESSE MOMENTO, na residência de Levi, Ísis havia adormecido sentada na sala, aguardando esperançosa a chegada de seu esposo para comemorar mais um aniversário de casamento. Os preparativos e os presentes haviam repousado com ela, junto de suas expectativas.

De repente, um inesperado ruído anunciava o pior e mostrava a triste realidade. Despertando de sobressalto, deparou com Levi completamente embriagado.

Observando o estado em que ele se encontrava, auxiliou-o até o sofá, onde ele dormiu profundamente, sem sequer imaginar a surpresa carinhosa que ela havia preparado.

Enquanto no mundo físico a realidade era dolorosa, no invisível os benfeitores espirituais acolhiam com amor as lágrimas de Ísis.

A ela, então, caberia somente esperar com paciência. Mesmo ignorando essa verdade, não estava só, porque o Senhor não a havia abandonado, e um grupo de amigos celestes foi destacado para auxiliá-la nessa luta para conquistar a paz.

Capítulo 5

Quando as escolhas da vida se transformam em provações...

"Tudo o que te acontecer, aceita-o, e nas vicissitudes que te humilharem sê paciente, pois o ouro se prova no fogo, e os eleitos, no cadinho da humilhação."

PROVÉRBIOS, 2:4-5

UM MÊS SE SEGUIU rapidamente.

Naquela noite, Levi convidou Cleo para jantar. Entretanto, ela estava com um semblante preocupado. Ele, percebendo a visível ansiedade, perguntou:

– Desde que chegamos, você pouco falou. Diga-me, o que está acontecendo?

– Tenho uma novidade para contar e busco coragem dentro de mim. – Após profundo suspiro, continuou: – Espero um filho seu.

A feição de Levi se transformou. Uma mescla de ódio e desespero roubava-lhe o fôlego e furtava-lhe a cor da face. Após alguns instantes, recuperando as forças, gritou:

– O que diz?! Mentirosa e oportunista! Diz isso porque quer forçar minha separação. Não quero filho algum, basta-me Lucas, aquele ensandecido. O que você quer? Dinheiro? Imóvel? Automóveis?

– Não, não quero forçá-lo a nada, mas sabe que o amo e esta criança é o resultado de nosso relacionamento. Rogo-lhe que não me ofenda mais.

– Nada me garante que não tenha outro homem em sua vida. Se você aceitou manter esse caso comigo, assim fará com outros mais. – Após breve silêncio, tomou um gole d'água e prosseguiu, com aspereza: – Mesmo nada me garantindo que esta criança é meu filho, eu a ajudarei. Busque um médico e faça o aborto. Os custos não serão problema, assumirei todos os gastos.

Cleo chorava convulsivamente e, buscando forças em seu interior, disse:

– Guarde seu dinheiro, pois jamais farei isso – disse, secando as abundantes lágrimas. – Cometi muitas faltas em minha vida e não suportarei carregar esse crime sobre meus ombros. Terei meu filho com ou sem você, eis a única certeza que tenho.

Levi, contrariado, enfurecido, jogou o guardanapo sobre a mesa e saiu, sem mais nada dizer.

Enquanto isso, para Cleo, naquele momento, restava secar as lágrimas tristes e continuar.

NA MANHÃ SEGUINTE, Levi, em seu escritório, permanecia preocupado. Isaque entrou na sala do irmão sem pedir licença, como de costume.

– Sua feição anuncia que algo aconteceu. Será mais uma briga com Ísis? Lucas teve mais uma daquelas assustadoras crises?

– Desta vez meu problema não é meu casamento ou meu filho, mas Cleo.

– Ora, diga-me! O que aconteceu?

– Ela está grávida.

– O que disse? – perguntou, assustado. – Nossa mãe o matará, não se esqueça de que essa história já aconteceu com você. Tem certeza de que é seu?

– Sim, mas você sabe o que isso significa, será minha ruína. Estou desesperado, não sei o que fazer. Ofereci-lhe dinheiro para ela tirar a criança, mas ela recusou. Um surto de integridade moral tomou-lhe, e agora quer esse filho de qualquer modo.

– Mulheres são tolas – disse Isaque. – Ainda existem aquelas que acreditam que uma gravidez prenderá um homem. Grande e perigoso engano. – Depois de prolongado suspiro, continuou: – Meu irmão, encontraremos um meio para resolver seu problema. Deixe-me pensar um pouco.

Nesse ínterim, no mundo invisível, sob as severas ordens de Abadom, que estava acompanhado por Cimério, repugnantes criaturas invadiram o ambiente. A atmosfera pesava cada vez mais. Cimério, imediatamente, magnetizou a mente de Isaque, facilmente manipulando seus pensamentos, já subjugados aos desejos, tal qual se faz a uma marionete, em razão da afinidade que os unia. Tempos depois, Isaque, secando os suores da fronte, disse, friamente:

– Acabo de ter uma brilhante ideia. Vamos demitir Cleo. Mesmo recebendo a indenização, não terá condições de manter a criança. Temos que garantir que a deixaremos em situação de penúria. Não lhe restará outra opção a não ser o aborto, ainda há tempo para isso.

– Sim, como não pensei nisso? Faremos o quanto antes.

Cimério, mantendo um semblante sério e compenetrado, não se importava com os danos de sua maligna influência, queria somente manter o controle da vida daqueles homens. Assim que ouviu Levi ordenar que Maria da Luz preparasse a demissão, saiu velozmente daquele local.

Enquanto isso, em silêncio, os benfeitores do Senhor, compreendendo que Deus não abandona a ninguém, mesmo que se encontrasse temporariamente em trevas, sabiam que, naquela ocasião, o único meio de triunfarem seria esperar para encontrar o momento certo de ceifar aquela zona escura do espaço e auxiliar na transformação daqueles corações em luz.

Capítulo 6

Quando a realidade desafia o futuro...

*"Não te felicites pelo dia de amanhã,
pois não sabes o que o hoje gerará."*

Provérbios, 27:1

VINTE DIAS se seguiram.

Ísis estava feliz, pois Lucas, surpreendendo-a, aceitou ir à festa de aniversário de Sônia, que havia organizado um evento requintado, luxuoso, contando com a presença de muitos convidados ilustres, membros do meio social que frequentavam.

No quarto de Lucas, Ísis ajeitava-lhe a camisa, quando ele disse:

– Escuto sempre a tia Aidê falar com você sobre o Espiritismo, especialmente que não morremos. É verdade?

– Sim, conforme o credo de minha irmã, somos seres eternos, e a morte não significa o fim. Vivemos depois da morte porque não somos filhos de uma única existência.

– Você acredita nisso?

– Não sou conhecedora profunda desses conceitos, mas acredito neles. Do contrário, como explicaríamos tantas coisas que acontecem neste mundo? Não é mesmo?

– Mãe, você tem fé?

– Sempre a cultivei em meu coração. É ela que nos fortalece e nos mantém vivos para seguirmos adiante. Desde menina eu sabia que Jesus iluminava minha vida e deveria acreditar que tudo ficaria bem. Ora, por que tanto interesse nesses assuntos?

Carinhosamente, ele deslizou a mão no rosto de Ísis, acariciando-a:

– Mãezinha, você sempre foi meu conforto e me amou com toda sua força. Sei que não tenho sido um bom filho, mas saiba que nunca esquecerei o que fez por mim. Quando as vozes falam em minha cabeça, somente você sabe entender e, pacientemente, me consola e me oferece coragem para enfrentá-las. Elas me culpam de coisas que sei que não fiz nesta vida, talvez a tia Aidê entenda melhor, ela que acredita na reencarnação. Quero que saiba, morarei eternamente em seu coração, ao lado de sua fé.

– Filho querido, acredite, faço e faria tudo novamente, porque você é um grande pedaço de meu coração. De todos os presentes que recebi em minha vida, você é a melhor coisa que ganhei dos céus. – Alterando o rumo da conversa, continuou: – Agora, vamos, ou nos atrasaremos.

Assim, entraram no carro, enquanto Levi, permanecendo em profundo silêncio e distante, conduzia seu luxuoso veículo.

AO CHEGAREM, foram educadamente recebidos por Isaque e Sônia. Todavia, Eva, ao ver o neto, chamou Levi de lado e disse:

– Está maluco? Por que o trouxe aqui? Espero que ele não faça nenhuma cena diante de nossos amigos. Já cansei de dizer para internar esse louco. Ele não pode estar livre convivendo com gente normal. Ele pode ser perigoso.

– Ora, não diga mais uma palavra – disse Joshua, intervindo naquelas palavras amargas. – Lucas é nosso neto, e eu amo muito esse menino.

– Você sempre foi um tolo sem atitude – disse Eva. – Jamais reconhecerei esse doente como meu neto. Minha família não tem uma mácula desse tipo e não serei eu lembrada por isso. Desde o início desse casamento, sabia que não daria certo. Veja! Eu estava certa.

Levi, conhecendo o temperamento de sua mãe, tentando aliviar a tensão do momento, disse:

– Se acalme, não há motivos para tanto. Fique tranquila, ele está controlado. Assegurei-me disso com Ísis. Ele foi devidamente medicado. Do contrário, eu mesmo me recusaria trazê-lo, pois somente a mãe para não temê-lo quando surta.

Sem nada dizer, afastou-se e reuniu-se aos demais convidados, enquanto Ísis permanecia ao lado do filho, prestando-lhe toda a assistência necessária.

A FESTA SEGUIA seu curso.

Levi, animado, conversava com dois amigos, quando percebeu que Cleo, visivelmente descontrolada, vinha em sua direção.

Imediatamente, foi ao seu encontro, segurou-a pelo braço e levou-a para o lado de fora, sem perceber que Lucas estava sentado em uma mesa, esperando sua mãe, que havia ido buscar-lhe um refresco.

Acreditando que estavam a sós, Levi a ameaçou:

– Maldita! O que faz aqui? Enlouqueceu?

– Por que você fez isso comigo? Demitiu-me, mesmo sabendo que espero um filho seu. Sabe bem que não tenho ninguém aqui e estarei sujeita ao pior.

– Agora, pense seriamente em acabar com essa história de gravidez. Insisto! Procure um bom médico e interrompa isso agora mesmo. Assim, ninguém sairá ferido disso tudo, e poderemos voltar a ser como éramos. Tenha consciência, sua situação atual não é favorável. Portanto, seja uma mulher inteligente e faça o aborto.

Cleo desesperou-se e avançou de punhos serrados contra ele. Levi, impensadamente, desferiu-lhe um tapa.

Ela, misturando lágrimas à dor moral que ulcerava seu coração, disse:

– Egoísta! Mentiroso! Como pode fazer isso comigo? Lastimo por sua esposa. Quanto deve ter sofrido ao seu lado! Não merece o amor de ninguém e por isso morrerá sozinho. – Recompondo-se, concluiu: – Você está entre os piores erros que cometi. Não farei o aborto. Terei esta criança, custe-me o que custar.

Cleo, aflita, retirou-se rapidamente.

Levi, completamente alterado, deparou com Lucas, que, em silêncio, observava tudo. Num gesto irrefletido, segurou com força o filho pelos braços e disse:

– Se contar para alguém o que viu aqui, levará uma surra que merece há muito tempo. A mim, você nunca enganou. Não é um doente, é um inútil. É uma vergonha para mim e minha família. Preferia que tivesse morrido quando nasceu a ter de suportar os suplícios dos meus dias ao seu lado.

Levi soltou o filho, e Lucas levou as mãos à cabeça, tentando livrar-se das palavras duras do pai.

Nesse ínterim, Ísis, vendo a cena, aproximou-se, e imediatamente os separou. Levi, irado e descontrolado, como se agisse por meio de forças maiores do que as suas, empurrou Ísis. Ela perdeu o equilíbrio e caiu. Lucas, visivelmente perturbado com a cena a que assistia, saiu correndo em desabalada carreira em direção à rua.

Ísis, percebendo que a situação importunava o filho, suplicava para ele acalmar-se, mas seus apelos eram ignorados.

Sonora freada de um veículo anunciava o pior. O jovem foi atropelado. O choque arremessou-o contra o asfalto. Na queda, Lucas bateu a cabeça no meio-fio da calçada.

Ísis, vencendo as próprias dores, levantou-se, mas nada poderia ser feito. Correu em direção ao filho. Seu desespero comovia a todos, inclusive os transeuntes, que paravam, curiosos.

Nesse momento, um senhor que conduzia o carro, ao lado de uma distinta senhora, desceu rapidamente e correu em direção a eles:

– Por Deus, ele atravessou na minha frente sem que eu pudesse parar. Vou levá-lo para o hospital, ele ainda está vivo.

Sem perda de tempo, seguiram para o hospital.

No caminho, o sofrimento da pobre mãe era inenarrável, enquanto Levi contatava Aidê, anunciando-lhe as últimas ocorrências.

Entretanto, Deus, em sua infinita bondade, por meio de muitas figuras iluminadas, acolhia aquela tristeza e irradiava luz sobre aqueles corações, filhos de Deus.

Capítulo 7

Quando os emissários do Senhor agem pela força do amor...

"O coração do homem planeja o seu caminho,
mas é o Senhor que firma seus passos"

Provérbios, 16:9

AO CHEGAREM AO renomado hospital paulistano, na ala de emergência, as sirenes das ambulâncias anunciavam que muitos casos ali chegavam, oriundos de diversos acidentes ou doenças.

Quando o carro parou, enfermeiros bem treinados não perderam tempo. Chamaram imediatamente o médico de plantão e encaminharam Lucas para receber os primeiros atendimentos de emergência. Atravessando a porta do local devidamente esterilizado e restrito aos funcionários do hospital, conduziram-no, para tentar salvar aquela vida, enquanto uma enfermeira direcionou os acompanhantes à sala de espera. Nesse ínterim, Levi, ao lado do senhor que se manteve todo o tempo ao seu lado, encaminhava os papeis da internação.

Tempos depois, Aidê e Davi chegaram e, após breve saudações, correram para obter notícias do jovem, apresentaram-se aos colegas plantonistas e adentraram o recinto reservado.

– Minha irmã – disse Aidê –, o caso de meu sobrinho é delicado. Ele teve um traumatismo craniano e agora entrou em cirurgia. Será operado por um amigo nosso chamado Antonio. Ele é muito competente e consentiu que Davi o acompanhasse nos procedimentos cirúrgicos. – Abraçando-a, prosseguiu: – Agora, basta aguardarmos, termos fé e orarmos. Que seja feita a vontade de Deus e que estejamos preparados para recebê-la.

As horas pareciam intermináveis, e o desespero de Ísis era o contraponto à frieza de Levi. Logo, Joshua e Eva chegaram, depois Isaque, enquanto Sônia, ao final da festa, foi para sua residência, cuidar de seus filhos.

Em meio à madrugada, Antonio e Davi, foram até a sala de espera onde estavam todos. Antonio, com seriedade e visivelmente cansado, disse:

– O caso do menino Lucas é grave. Fizemos a cirurgia para tentar conter a hemorragia, mas o trauma em sua cabeça é grande. A lesão comprometeu a região motora e, se ele sobreviver, ficará completamente dependente. – Suspirando, prosseguiu: – Confesso que não consigo compreender como chegou ao hospital com vida. Eu sinto muito, fizemos o possível, o que estava ao nosso alcance. Ele está na Unidade de Terapia Intensiva (UTI) em coma induzido. Vamos monitorá-lo e manter o pensamento positivo...

Eva, sem nenhuma sensibilidade, interrompeu-o:

– Doutor, este menino é doente da cabeça, então é melhor que ele não sobreviva. Afinal, ninguém sabe a dimensão dessas sequelas.

Aidê armou-se para formular-lhe a resposta, mas Joshua, percebendo que um tumulto poderia iniciar, disse:

– Vamos, um café agora será bem-vindo.

Sem demora, saíram. O semblante de Ísis arrancava de todos compaixão, e seus olhos brilhavam. Em meio às incessantes lágrimas, buscando coragem, disse:

– Posso ver meu filho?

– Sim, mas peço que aguarde um pouco, pois chamarei uma enfermeira acompanhá-la. Agora, com licença, tenho que retornar ao trabalho.

Tempos depois, Ísis, acompanhada por Aidê e uma jovem enfermeira, seguiu para a UTI. Diversos aparelhos estavam conectados a Lucas. Ísis, carinhosamente, beijou-lhe a testa e ajoelhou-se aos pés do leito do filho, segurando-lhe a mão. Naquele momento, suas comovidas orações silenciosas eram acolhidas por seres espirituais, que derramavam sobre ela força para suportar aquele instante de sofrimento.

Nesse momento, Lucas teve uma inesperada convulsão. Imediatamente, as enfermeiras retiraram Ísis e Aidê do recinto.

Iniciava-se, naquele momento, uma grande batalha para salvar a vida de Lucas.

ENQUANTO ISSO, no hospital, um mundo paralelo convivia harmoniosamente com o mundo físico. Voluntários, desencarnados conscientes de suas ações, buscavam auxiliar todos aqueles que estavam temporariamente enfermos, enfrentando o desafio de trilhar solitariamente suas estradas.

Médicos e enfermeiras desencarnados se cruzavam, estudando os casos e cumprindo suas missões na Medicina.

Na referida UTI, um grupo de benfeitores espirituais encaminhados para acompanhar o caso de Lucas mantinha-se em prontidão.

A morte do corpo era inevitável, mas aqueles seres espirituais recolhiam os fluídos para que sua passagem ocorresse serena e com rapidez.

Curioso laço negro ligava a mente de Lucas aos pensamentos do pai e, aos poucos, era rompido pela força carinhosa dos fluídos magnéticos azulados doados pelos emissários celestes.

Nesse momento, os procedimentos exercidos por Saul, o médico espiritual, líder daquele grupo de luz, chamaram a atenção dos demais médicos do invisível.

Seus conhecimentos da Medicina um dia exercida por ele como profissão ainda eram mantidos no invisível, onde desenvolvia o mesmo papel, em nome de Jesus, no apoio ao próximo. Ali, espiritualidades, de acordo com seus credos, cumpriam suas missões e buscavam com ele o aprendizado para melhorar suas técnicas de recolhimento, em total respeito e paz.

Lucas, em espírito, livre do corpo, observava os procedimentos médicos daqueles filhos de Deus. Com ajuda de uma nobre e iluminada benfeitora chamada Amanda, sentou-se na cama, sem compreender as ocorrências. Com carinho, o bondoso Saul, designado para acolhê-lo, disse:

– Meu filho, não tenha medo de mim, estou aqui para ajudá-lo. Ouça-me, precisa vir comigo o quanto antes. Logo, todas as impressões que te cercam quanto às dores de seu corpo cessarão, mas agora precisa confiar em Jesus e também em nós.

– Não compreendo o que está acontecendo comigo. Estou morto?

– Sim, mas a morte significa mergulharmos em mundo íntimo, em nós mesmos, por isso devemos nos libertar do monoideísmo das trevas e dar lugar à lucidez e à ascensão de nosso espírito. Como resultado de tantas experiências, voltamos, por meio da reencarnação, ao corpo, para aprendermos a grandiosa lei de amor e desenvolvimento interior. Por enquanto, confie. Você vai superar a enfermidade, venha conosco.

Lucas permanecia atordoado. Com carinho, o médico levantou a mão sobre ele, e um facho de luz azulada fazia com que ele entrasse em profundo torpor.

Após os procedimentos, Lucas, liberto do corpo físico, foi recolhido na espiritualidade por um enfermeiro, o qual, sem demora, retirou-se do ambiente, carregando o recém-desencarnado.

Enquanto isso, distante dali, Abadom e Cimério, tentavam agir sobre Lucas, mas todos os seus esforços foram contidos, pois a luz que envolvia aquele recinto era intensa e constante.

Como a força do amor e a sabedoria celestial sempre vencem, insatisfeitos, Abadom e seus amigos sabiam que naquele caso estavam vencidos, pois a luz havia triunfado.

O SONORO aviso emitido pelo monitor cardíaco anunciava aos encarnados a ocorrência que já era do conhecimento dos benfeitores espirituais.

Médicos e enfermeiras correram para o leito do jovem, e Antonio foi chamado, porém, mesmo tentando os procedimentos para ressuscitá-lo, não obtiveram sucesso. Lucas havia abandonado aquele corpo...

Antonio, abatido, chamou Davi e Aidê, e deu-lhes a triste notícia. Em seguida, aproximando-se de Ísis, disse:

– Sinto muito. Lucas não resistiu, acabou de falecer.

Ísis não suportou a triste informação e desmaiou. Davi imediatamente a amparou e a conduziu para o atendimento de emergência.

LEVI HAVIA preparado os detalhes do sepultamento que ocorreria na tarde daquele mesmo dia.

Ísis, contrariando a todas as recomendações médicas, buscou forças e saiu do hospital uma hora antes de sepultar o filho, dirigindo-se ao local onde um grupo religioso pertencente à família de Levi fazia as últimas orações, conforme seu credo.

Aidê, ao lado de Davi, apoiava a irmã. Ela, aproximando-se do corpo inerte de Lucas, entre convulsionadas lágrimas, disse:

– Filho, a dor da saudade que sentirei talvez somente o tempo seja capaz de apagar, mas como do meu ventre o recebi, um dia o devolverei, por meio de meu coração, aos céus. Volta, filho, para Deus. Ele o espera.

Surpreendendo a todos pela força que demonstrava, Ísis beijou a testa do corpo de seu filho. Amorosos benfeitores espirituais a envolviam em intensa luz, amparando seu coração.

Àquela alma materna restava apenas uma vida para recomeçar...

Capítulo 8

Quando a dor parece mais forte...

"O Senhor não deixa o justo faminto,
mas reprime a cobiça dos ímpios."

PROVÉRBIOS, 10:3

DOIS MESES haviam passado desde a partida de Lucas.

Naquela tarde, Aidê, a pedido de Ísis, foi até a empresa de Levi entregar-lhe uma encomenda. Enquanto esperava, foi tomar água, quando deparou com um senhor de aproximadamente setenta anos, visivelmente abatido. Ela, preocupada com seu bem-estar, perguntou:

– Senhor, com licença, posso ajudá-lo? Parece que não está se sentindo bem. Por favor, diga-me seu nome.

– Estou bem, agradeço sua preocupação. Chamo-me Almeida. Minha dor não é na carne, mas em minha alma.

– Nada pode ser tão grave que não tenha solução – disse Aidê, tentando animá-lo, e, após oferecer-lhe água, continuou: – Por maior que seja nossa dor, trata-se do que é melhor para nós, para nossa evolução espiritual. Deus nos ampara, corrigindo, dessa forma, a rota de nossa existência.

– Minha cara, nem sempre a vida segue como planejamos. Sempre fui um homem honesto, trabalhador e correto em minhas atitudes. Estou desesperado, cheio de remorso e envergonhado. Jamais acreditei que na idade em que me encontro passaria por uma situação tão constrangedora. – Secando o suor de sua testa, com um lenço alvo, continuou: – Uma noite, estava voltando do aniversário de meu neto, ao lado de minha esposa, quando um jovenzinho atravessou-me a frente de meu carro, e não foi possível frear. Então, o inesperado aconteceu. Muito ferido, ele veio a falecer.

Aidê, surpresa, enrubesceu. Assustada com o relato, percebeu que estava diante do homem que atropelara Lucas. Mesmo assim, em silêncio e respeito, continuou ouvindo-o:

– Minha esposa adoeceu depois do episódio do acidente e agora sofre de síndrome de pânico e outras patologias inerentes à idade; afinal, não somos jovens. Como não tenho posses, vim até aqui para suplicar ao pai daquele jovem que compreendesse minha situação. Ele foi irredutível e me disse que me destruirá. Eu jamais faria isso intencionalmente. Respeito a dor desses pais. Imagino se fosse com algum filho meu, se não faria o mesmo, mas, como acredito que não há acasos e creio em Deus, tentaria ao menos analisar minha situação. Entretanto, o senhor Levi é irredutível, confesso que jamais deparei com um homem com um coração tão endurecido. Agora, me basta aguardar o julgamento, pois serei julgado como um assassino. – Secando uma lágrima tímida, prosseguiu: – Além do mais, nunca fugi às responsabilidades. Se for um desígnio dos céus eu ser sentenciado à prisão por esse acidente, cabe a mim aceitá-lo e cumprir minha sentença sem reclamações.

– Acalme-se, tudo ficará bem – disse Aidê, entristecida com a história ouvida. – Tenhamos fé, pois, ao que parece, e por motivos que desconhecemos, o senhor é inocente. Acredite, tudo o que ocorre em nossa vida não deixa de ser um processo de cura para nós mesmos. Deus não dá uma cruz que não possamos carregar. Não há problema sem solução, lembremos que o sofrimento é um recado da vida para que tenhamos consciência de que necessitamos alterar a rota e crescer interiormente. Veja, neste momento de dor, há um grande desafio para ser forte e seguro em suas decisões. Sempre procure pelo Altíssimo, assim triunfará.

Após alguns instantes de conversação, ele despediu-se, emocionado:

– Agradeço por ter ouvido este velho. Ao menos saio daqui com o coração um pouco mais aliviado.

Depois da breve despedida, ele partiu, deixando Aidê perdida em diversos pensamentos e piedade. Apesar de o triste relato referir-se a Lucas, sentia piedade daquele homem. Sua compaixão despertara ao perceber que a verdade residia no coração do idoso.

ÍSIS TENTAVA recuperar-se, mas a ausência de Lucas fazia com que seus dias perdessem o colorido, e enfrentava sofrida e profunda depressão.

Naquela tarde, Aidê e Davi foram visitá-la. Francisca, ao vê-los, disse:

– Foi o Senhor que os enviou até aqui.

– Por quê? Onde está minha irmã?

– Desde ontem ela entrou no quarto de Lucas e de lá não sai. Pegou uma blusa do menino e com ela permanece abraçada, como se ela pudesse trazê-lo de volta. Seu estado é digno de piedade. Estou muito preocupada com ela. Não come ou dorme direito. Ofereci-me para desmontarmos o quarto dele, mas parece que ela quer viver de lembranças. Já que estão aqui, prepararei algo para ela comer. Quem sabe com vocês ela se alimentará melhor.

Aidê e Davi não perderam tempo. Ao chegarem, encontraram Ísis deitada na cama do jovem Lucas, como quem desistira viver. Aidê, com carinho, aproximou-se e sentou-se ao seu lado:

– Minha irmã, vamos! Você precisa sair um pouco, ver o mundo, sentir o ar puro e se alimentar.

– Não tenho vontade, sinto-me bem em minha casa.

– Sei o quanto dói a partida de meu sobrinho, mas temos de continuar. O que está acontecendo? Parece que grande remorso aporta em seu coração.

Nesse momento, Ísis chorou convulsivamente. Após recuperar-se, disse:

– Não suporto mais esta dor. Sinto-me culpada pela morte de meu filho. O que o motivou a sair correndo daquele jeito foi a cena que viu. Levi, sem explicação, discutia com ele. Foi quando cheguei e tentei acalmá-lo e libertá-lo das mãos do pai, mas Levi, completamente irado, agrediu-me com força. Quando caí, ele correu, e o final vocês já sabem.

– Não me diga que Levi está sendo violento com você – disse Aidê. – Se isso for verdade, mesmo tentando me melhorar e progredir, não sei o que sou capaz de que fazer com ele...

– Acalme-se – intercedeu Davi. – Levi está doente da alma e do corpo. Ele precisa de auxílio. Infelizmente, não reconhece isso, e só podemos ajudar quem quer ser ajudado. Não estamos alheios às tempestades que recaem sobre nós de modo até inesperadas, mas devemos viver sob os escombros da destruição. A lei é prosseguir e recomeçar. Não abra fendas em sua mente, para que a culpa se estabeleça, cultivando a destruição em seu interior.

A árvore podada não impede suas flores de voltarem a nascer. Tudo o que você podia fazer foi feito, com o conhecimento que tinha naquela oportunidade. Não poderá viver dos dias que não voltam mais. Mesmo quando estamos experimentando momentos sofridos e sombrios, devemos lembrar que o Senhor sempre encaminhará um raio de luz para nos indicar a melhor direção a seguir.

– Neste fim de semana, iremos à casa espírita. Por que não nos acompanha? Lá, há uma pessoa muito especial, chamada Irene, a qual desejo muito que a conheça. Ela foi e é muito importante para nossa vida. Por razões diversas, tanto eu quanto Aidê quisemos abandonar o Espiritismo, e foi quando a conhecemos. Foi por meio dela que não cometemos o maior erro de nossa vida. Sei que, no dia em que a conhecer, terá o mesmo sentimento de carinho que temos por ela.

– Agradeço, mas não me sinto preparada para isso agora. Os livros que li foram importantes para mim, e ouso dizer que foram os amigos mais preciosos que tive em muitas ocasiões que precisei. Foram os companheiros de muitas noites em que me encontrava só. Perdoem-me, mas meu temor é que esse templo para onde querem me levar, que seja mais um daqueles lugares onde nos obrigam a seguir determinada religião. Falam de Irene com tanta empolgação que me preocupo com a hipótese de estarem sendo fanáticos pelo Espiritismo. – Após profundo suspiro, continuou: – Nada me consolará ou fará entender a ausência de meu filho.

– Está equivocada – interveio Davi. – Compreendo sua recusa, mas acredite: antes de frequentar essa casa espírita, passamos por muitos lugares. Conhecemos pessoas especiais, sérias e comprometidas com o Espiritismo, mas foi lá, no centro que estamos frequentando, que encontramos um segundo lar. Desolados, cansados, fomos acolhidos e orientados com muito carinho. Mesmo nos acreditando abandonados, o Senhor não nos esquece, sempre nos encaminha para o melhor e nos indica a correta direção. – Após longo suspiro, continuou: – Deus proporcionará uma oportunidade para conhecer o que falamos. Agora, tudo para você se assemelha a uma noite sem fim.

– Perdoem-me, de fato estou julgando e sendo rude com o que sequer conheço. Como disse, no momento certo irei com vocês.

– Concordo com Davi – disse Aidê –, mas agora me preocupo com seu estado de saúde: está pálida e magra. Precisa reagir.

Davi, pacientemente, interveio:

– Tenho um amigo de infância chamado Olavo, médico psiquiatra e terapeuta, que acabou de chegar da França, e acho que ele poderá ajudá-la. Por Deus, aceite ajuda. Estamos aqui porque a amamos muito, reconheço-a tal qual um pai reconhece uma filha, apesar de não ser tão velho assim.

– Não consigo ter a visão do amanhã, é como se tivesse perdido minha vida. Sinto-me egoísta pensando somente em minha dor, mas rogo a Deus misericórdia.

Aidê, acariciando-lhe o rosto, mudou o rumo da conversação:

– Vocês levaram adiante o processo contra o senhor que atropelou Lucas? Acho que isso somente trará maior infortúnio, o pobre homem é inocente.

– Levi decidiu levá-lo a julgamento. Não consigo explicar racionalmente, mas acreditem, algo dentro de mim diz que estamos cometendo uma injustiça, apesar da falta que meu filho me faz.

– Conversou com seu esposo sobre isso? – disse Aidê.

– Sabe bem que ele não me escuta. A morte de Lucas nos afastou ainda mais. Ele passa noites sem vir para casa e, quando volta, está em uma situação deprimente.

– E os pais e o irmão dele? – continuou Aidê.

– Somente meu sogro mantém contato comigo. Uma vez por semana me visita. Ele sempre foi uma bênção em minha vida. Minha sogra ignora-me, porém, como não quero conflitos, não cobro nada. Isaque nunca foi próximo de mim, mas Sônia, que sempre quis esta casa, pediu para meu cunhado convencer o irmão a mudar-se daqui, para que venham para cá. Querem este imóvel. – Secando uma lágrima, prosseguiu: – Quanto a mim, nada mais me importa. Perdi meu chão, minhas esperanças. Com a morte do meu filho, apagou-se a luz da minha vida.

– Não posso acreditar nisso – intercedeu Aidê. – Pensando melhor, mesmo que esta história pareça um ato frio e egoísta, talvez sua mudança daqui facilite aceitar esta perda.

– Não podemos viver de passado – disse Davi. – Enquanto lembranças nos fazem sofrer, recordações são os combustíveis que nos impulsionam para frente. Você é capaz e pode modificar sua vida. A morte significa continuar. Então, não podemos estagnar. Quero que escute esta mensagem.[16]

Retirando do bolso um pequeno papel, leu:

– "*Senhor Jesus:*

Ensina-nos a receber a provação da morte como uma porta para a verdadeira vida.

Amadurece-nos no entendimento quando estivermos debruçados sobre o berço vazio, entre a inconformidade sobre as suas Leis e as lágrimas por não poder acariciar o rosto do filho que se calou.

---

16. Mensagem do eterno amigo Ferdinando, publicada em outra obra, outrora. (N.A.E.)
A página "Oração aos que ficaram na Terra", aqui citada, foi publicada no livro *Esperança viva*, 1. ed. São Paulo: Editora Lar Henrique, 1994, ditada pelo Espírito Ferdinando, psicografada pela médium Gilvanize Balbino Pereira. (N.M.)

Ajuda-nos a deixar as lembranças serem a contemplação da felicidade vivida, e não a angústia que transforma a vida em abismos de remorsos.
Livra-nos da estagnação do desespero incontido, quando agarramos as roupas ou os objetos como se eles fossem deuses com o poder de trazer de volta aqueles que não mais possuem o hálito da vida.
Fortalece-nos novamente com o tesouro da saudade bem sentida, que confirma a vida no além-túmulo e une para sempre os caminhos daqueles que se vincularam em amor, seja na Terra ou no mundo celeste.
Reconforta-nos para que possamos retomar os nossos deveres eternos de filhos de Deus e servidores de tua tarefa.
Compreenda-nos, Senhor, corações enfraquecidos quando não mais desfrutarmos da companhia dos amigos que partiram e liberta-nos do egoísmo de querermos ter para sempre refugiados entre nós os filhos teus.
Cura-nos a dor da partida sem lamentosas interrogações sobre tua magnanimidade.
Traze-nos a visão para reconhecermos que o nosso restabelecimento estará em aceitarmos que se cumpram os teus desígnios e não o nosso querer.
Agora, Senhor, com as feridas de ontem totalmente cuidadas pelo remédio da oração, rendemos-Lhe a gratidão por se compadecer de nós."

– Minha irmã, espero que, um dia, nos acompanhe à casa espírita. Tenho certeza de que lá se sentirá bem melhor, e irá recuperar a vontade de viver.

Em meio a tanto sofrimento da alma dilacerada pela dor causada pela perda do filho, aquela mãe era amparada pela misericórdia divina, que lhe transmitia coragem para continuar...

Capítulo 9

Quando chega a hora de partir...

"Como a ave vagando longe do ninho,
assim é o homem vagando longe do lar."

PROVÉRBIOS, 27:8

HAVIA QUATRO meses desde a partida de Lucas para a espiritualidade.

Levi permanecia distante e afastou-se cada dia mais de Ísis. Após o trabalho, entregava-se aos prazeres da noite, frequentando assiduamente o habitual bar noturno. Sua aparência era visivelmente decadente.

Com isso, sua saúde sentia o peso dos maus-tratos e dos excessos: bebidas, comidas saturadas, além da forte influência que Abadom exercia sobre ele, sugestionando-o a atitudes infelizes, o que silenciosamente agravava-lhe ainda mais a situação.

Nesse período, ninguém mais ouvia falar sobre Cleo.

Isaque pressionava o irmão para que lhe vendesse a casa que tanto Sônia queria.

Naquela tarde, depois de exaustiva reunião de negócios, Levi, pálido, parecia bem abatido. Enquanto caminhava ofegante até a sua sala, foi abordado por Isaque:

– Parece cansado. Você está bem?

– Passei o dia me sentindo estranho, com falta de ar e um aperto no peito.

– Nada melhor do que uma boa noite, embalada com uma excelente bebida. Como você não está muito bem, eu dirijo. Iremos para lá às oito horas da noite, em ponto.

– Tem razão, não é nada, vamos nos divertir um pouco. Lá, ficarei bem.

Sem mais nada dizer, voltaram aos seus afazeres, esperando que mais um dia terminasse.

NAQUELA NOITE, no bar noturno, Levi parecia alheio às diversões.

Continuamente, pedia bebidas fortes, tentando aliviar o suposto mal-estar. Sucessivas doses foram consumidas em uma hora.

Ele, estonteado, levantou-se, mas a forte dor no peito estendeu-se ao braço esquerdo, anunciando o pior. Incapaz de suportar o sofrimento, foi acometido por um desmaio.

A agitação foi inevitável. Isaque, com agilidade, ao lado do amigo, dono daquele estabelecimento, chamou uma ambulância.

Quando os profissionais da área da saúde chegaram, não demoraram para removê-lo. E Isaque, preocupado, manteve-se junto do irmão no veículo. No caminho do hospital, no mundo invisível, Deus, que não julga ou pune a ninguém, fazia-se presente por meio de bondosos emissários celestes. Eram benfeitores espirituais que os envolviam em luz. Eram do mesmo grupo liderado por

Saul, que havia acolhido Lucas e tentava, sem êxito, auxiliar Levi.

Entretanto, Abadom permanecia vigilante e ao lado do corpo desfalecido. Sua mente estava ligada a de Levi por fios escurecidos, acinzentados, que se assemelhavam a finos dutos transmissores de perturbadores pensamentos.

Ao mesmo tempo, três entidades sombrias, subordinadas a Abadom, o auxiliavam a agravar o dramático estado de saúde de Levi, envolvendo-o em fluidos deletérios que prejudicavam o fluxo sanguíneo.

Com a intenção de reverter a ação maléfica, Saul irradiava luz sobre Abadom. Percebendo a presença dos benfeitores, Abadom, mesmo sentindo-se enfraquecido, não desistiu de seus objetivos e disse:

– *Vamos, continuemos. Não se deixem vencer pelos iluminados, somos mais fortes. Venceremos. Logo ele estará aqui, sob meu comando. Estamos quase no fim.*

Antes de a ambulância chegar ao destino, dois enfermeiros, bem orientados, percebendo a gravidade do momento, iniciaram os procedimentos emergenciais para salvar-lhe a vida. Os sinais vitais foram observados e, enquanto lhe afrouxavam a roupa, uma súbita parada cardiorrespiratória agravava ainda mais o cenário.

Saul, utilizando seus conhecimentos, imediatamente aproximou-se do enfermeiro, tentando dar-lhe a direção para que pudessem atuar sem a influência de Abadom, que não se afastava um só instante.

Iniciava-se uma grande luta. O enfermeiro aplicava as técnicas de ressuscitar, mas o músculo cardíaco havia entrado em falência e irreversível isquemia.

Nem as ações espirituais do bem junto com os procedimentos médicos exercidos salvaram aquele corpo massacrado por uma conduta de vida tão desregrada. Os excessos em todos os setores foram inimigos de Levi. Num último suspiro, esgotavam-se suas forças, sentenciando-o a um infarto agudo do miocárdio.

Sem mais responder aos estímulos físicos que o enfermeiro se dedicava a fazer, terminava ali aquela existência de Levi.

Isaque, desesperado, ouviu a sentença:

– Infelizmente, nada podemos fazer, ele não suportou. O óbito nos é evidente.

No invisível, o juiz das trevas também deu seu veredicto:

– *Pronto, ele é nosso* – disse Abadom, mesmo sem ver o médico Saul. – *Sei que está aqui iluminado, mas eu o venci, e não tardará o dia em que o enfrentarei e o destruirei.*

Levi, liberto do corpo, ainda sentia as insuportáveis dores no peito. Atordoado, ouvia a voz do bondoso médico, imantando-o de amor, mas a voz forte e rouca de Abadom dividia-o entre a luz e as trevas, travando uma batalha interior.

Entretanto, em virtude do vínculo estabelecido com esse líder das sombras e suas fraquezas de caráter e infelizes atitudes, Levi sucumbiu às ordens desse filho de Deus temporariamente distante da sabedoria do Senhor.

Imediatamente, Abadom ordenou que ele fosse retirado daquele recinto. Dois indivíduos, subalternos seus, e Cimério, não ousaram contradizê-lo, e ele recolheu Levi, levando-o dali para um local semelhante a um cárcere, que estava intimamente ligado àquele bar noturno, onde se acomodavam muitos filhos de Deus em mesma condição de afinidade.

TEMPOS DEPOIS, no mundo físico, a ambulância chegou ao destino.

Imediatamente, o corpo de Levi foi colocado em uma maca, e dali seguiu, para providenciarem a liberação para o sepultamento.

Isaque, desesperado, avisou o pai sobre as ocorrências e, em seguida, contatou Aidê, para que ela anunciasse o fato a Ísis.

Aidê, sem demora, acompanhada por Davi, seguiu para a residência de Ísis. Em razão das altas horas, ela surpreendeu-se com a visita, mas os recepcionou carinhosamente, como era de hábito.

– O que fazem aqui tão tarde?

– Minha querida irmã, a notícia que trazemos não é a melhor, mas terá que ser forte...

– Por Deus, diga-me logo. O que aconteceu?

– Levi sofreu um infarto fulminante e, infelizmente, não o suportou. Isaque me contatou e disse que está preparando tudo para que o sepultamento seja ainda hoje, na primeira hora.

Ísis caiu sobre os joelhos e encobriu os olhos com as mãos.

– Senhor, por quê? Por que tudo isso em tão pouco tempo? Não suportarei mais isso. Por quê? Por quê?

Davi acolheu com respeito a sua dor e acomodou-a em um assento confortável, na sala de estar.

Quando refeita, pediu para ser levada onde estava o esposo. Após compor-se, saíram, carregando no coração a dor de mais uma partida.

ISAQUE, RECORRENDO a pessoas conhecidas, agilizou o processo de sepultamento do irmão.

Ísis, Aidê e Davi chegaram ao local de destino, onde Levi estava, e, em duas horas, ocorreria o sepultamento.

Ao adentrar o recinto onde o corpo estava, Eva não se conteve, e começou a gritar:

– Assassina! Não é bem-vinda aqui. Já não basta ter destruído meu filho? Desde que chegou à nossa família trouxe uma maldição sobre nós. Primeiro, aquele menino ensandecido, agora meu Levi está morto, por sua causa. – Com ira, prosseguiu: – Enquanto eu estiver viva farei tudo para que nunca mais volte a ser feliz.

Enquanto Joshua tentava conter a ira da esposa, Ísis, destruída interiormente, escutava aquelas duras palavras em silêncio, mas respeitava a dor daquela, que assim como ela, era uma mãe que sofria a perda de um filho.

Manifestando seus sinceros sentimentos ao esposo e atendendo ao pedido de Joshua e Aidê, que pretendiam preservá-la de mais infortúnios, não assistiu ao sepultamento, e retirou-se, levando em seu coração a certeza de que tudo passa, menos o amor que Deus derrama sobre seus filhos, temporariamente em sofrimento.

Capítulo 10

Quando o desespero quase nos faz desistir...

“Ele guarda para os retos a sensatez,
é escudo para os que andam na integridade.”

PROVÉRBIOS, 2:7

DOIS MESES se seguiram, velozes.

Ísis tentava continuar e contava com a ajuda da irmã para superar as difíceis perdas. Naquela manhã, Aidê, preocupada com Ísis, com a intenção de ajudá-la a recuperar-se, a acompanhava no desjejum.

Apesar da insistência de Aidê e Davi, que sugeriam que mudasse dali, Ísis continuava naquela casa cheia de lembranças. Cada parede, quarto e até o odor do ambiente não lhe permitiam que se desvencilhasse do passado.

Em meio a uma trivial conversação, foram interrompidas por Francisca, que anunciava a chegada de um homem que queria falar com Ísis. Sem demora, foram recepcioná-lo:

– Senhora, chamo-me Garcia. Sou o advogado da família do senhor Levi, que faleceu há pouco. Gostaria de manifestar meus sentimentos, mas espero que me entenda, estou aqui para cumprir meu dever.

– Do que se trata? – perguntou Ísis, após breves apresentações.

Retirando um documento de sua pasta, disse:

– Reconhece esta assinatura?

– Sim, é minha.

– Pois bem, aqui diz que a senhora abre mão de qualquer bem pertencente à família de seu esposo. E, inclusive, que em caso de morte de herdeiros e de Levi, entregaria a casa para custódia da família.

– Está louco? – perguntou Aidê, nervosa. – Minha irmã jamais assinaria tal documento.

– Infelizmente, assinei. Quando me casei, Levi obrigou-me a assiná-lo. A pressão de Eva era grande, e a única maneira que encontrei de provar que estava me casando porque o amava era abrir mão dos bens da família. Com a morte de Lucas e de Levi, não tenho direito a nenhuma herança. Eu abri mão de tudo...

Aidê, contendo o nervosismo, leu rapidamente o referido documento.

– Mas com isto minha irmã perde o direito a tudo.

A tristeza invadiu o ambiente. Garcia, olhando para Ísis, disse:

– Além do estabelecido no referido documento – continuou Garcia, – Isaque, cunhado de Ísis, fez uma requisição formal desta residência para sua esposa. Você tem no máximo trinta dias para desocupar o imóvel.

– Não é possível! – disse Ísis. – Não tenho para onde ir.

– Deve haver algum procedimento legal que nos permita reverter a situação – interveio Aidê.

– Meios sempre existem, mas sinto muito, não recomendo o esforço, neste caso. Entretanto, se quiserem tentar, o custo será alto, porque o documento está muito bem elaborado.

Desconcertado, tentando evitar contendas, o advogado disse:

– Bem, já terminei o que vim fazer aqui, tenho compromissos, por isso vou embora.

Dr. Garcia, percebendo a gravidade da situação, despediu-se e partiu. Aidê, inconformada, lia e relia várias vezes o documento.

– Tem de haver alguma coisa que possamos fazer. Falarei com Davi e encontraremos a solução.

Ísis, indiferente, sequer emitia uma palavra. Aidê, percebendo que ela estava em choque, conduziu-a ao aposento e acomodou-a, para que ela pudesse descansar.

– Fique tranquila, encontraremos a solução. Tenho que ir para o hospital, mas à noite venho para cá, ficar contigo. Apesar de você não querer e de minha insistência, acho que você deveria ir para a minha casa. Há espaço suficiente para todos nós.

Ísis, apática, sequer emitia uma palavra. Deitada na cama, permanecia com os olhos fixos e distantes.

Preocupada, Aidê fez várias recomendações à Francisca sobre os cuidados com a irmã e partiu.

NO MEIO DA tarde daquele mesmo dia, enquanto Ísis permanecia em choque e estática, no invisível, Abadom, acompanhado de Cimério e mais quatro seguidores, invadiram aquela residência.

Entretanto, Saul, com o grupo de amigos de luz, continuava vigilante.

Ísis, profundamente deprimida, permitia que Abadom a influenciasse, agravando seu abatimento moral e intensificando suas dores. Emanava um fluido viscoso, escuro e perturbador sobre a mente da pobre mulher, levando-a a sucumbir aos seus comandos.

Ísis, desequilibrada, levantou-se e buscou um frasco de pílulas para dormir. Completamente envolvida pelas forças daquele líder das sombras, despejou vários comprimidos em sua mão e levou-os à boca. Em seguida, uma incontrolável sonolência começava a se manifestar.

O médico Saul, devidamente auxiliado pelos amigos que o acompanhavam, assumiu a situação.

Ainda sob a influência tenebrosa de Abadom, Ísis preparava-se para ingerir outra dose do sonífero. Quando aproximava dos lábios os comprimidos que a levariam para o outro lado da vida, Ísis desmaiou. O desfalecimento misericordiosamente provocado por Saul impediu que interrompesse proveitosa existência na Terra, o que lhe custaria muito a reparar.

Abadom e Cimério, contrariados, investiram furiosamente contra os benfeitores da luz:

– *Iluminados, eu os vencerei* – gritava Abadom –, *não são mais fortes do que nós. Eu destruirei Saul, este médico maldito, e interromperei este trabalho em nome de um Jesus que esquece e mata por meio de leis e de homens que foram seus inquisidores. São escolhidos pelo Altíssimo, mas não estão imunes à minha influência e de meus seguidores. Eu os vencerei.*

Intensa luz dourada era derramada sobre aqueles corações sombrios, líderes sem luz, que, incomodados, deram-se temporariamente por vencidos, e saíram rapidamente daquele recinto, deixando para trás um rastro de sofrimento e desespero.

Nesse ínterim, Francisca ouviu um barulho, correu para ver o que acontecia e deparou com Ísis caída desacordada no chão. Imediatamente, contatou Aidê e, logo depois, acomodou-a na cama.

Em menos de uma hora, Aidê e Davi chegaram.

Controlando a emoção, preocupado com a gravidade da situação, Davi examinou-a, e concluiu:

– Ela está bem. Por sorte, não tomou todos os comprimidos, porque teria sido fatal. Pela quantidade ingerida, o efeito desta medicação passará em vinte e quatro horas. Vamos monitorá-la aqui, sem levá-la ao hospital, para não expô-la. Trarei meus aparelhos, para cuidarmos dela.

– Concordo com você. Ela não suportará mais qualquer agressão ou exposição. Conforme contei, hoje foi o que faltava para isso acontecer. Minha irmã precisa de ajuda com urgência. – Acariciando os cabelos de Ísis enquanto ela dormia, Aidê secou uma lágrima e continuou: – Receio perdê-la, não sei o que fazer, sinto-me incapaz de ajudá-la. Senhor, por misericórdia, ilumina minha alma!

Aidê chorava, consternada, diante do sofrimento da irmã. Davi, emocionado, disse:

– Tudo que estudei na Medicina não me serve de nada agora. Na universidade, aprendemos apenas a comunicar aos outros a morte, mas quando ela se acerca de nós ou de quem amamos, somos arrebatados ao suplício extremo. Aí, percebemos que não estamos preparados para enfrentá-la. Se não fossem os conceitos sobre a vida após a morte, não sei o que seria de mim agora.

Neste instante, o médico espiritual, com carinho, mantinha-se ao lado de Ísis, e os demais imantavam com uma luz azulada aquele recinto. Davi, com sua sensibilidade mediúnica, sentia que o ambiente se transformara. Segurou a mão de sua esposa e disse:

– Não nos é licito julgar o ato de Ísis, tampouco os motivos que a levaram a tamanha temeridade. Aqui estamos, diante do amor de Deus, pois tenho certeza de que uma força amiga, do mundo invisível, nos abençoou. O Senhor jamais nos abandonaria. O que importa é que, de alguma forma, Ísis sobreviveu ao assédio do mal.

Creio que os benfeitores espirituais regeneram nossas esperanças e nos instruem para o mundo melhor. Por vezes, sinto-me envergonhado com nossas atitudes diante desses anjos do Senhor. Estou certa de que, na vida, tudo passa, e o sofrimento não é uma exceção. Mas o que aconteceu com Ísis me faz pensar em tantas pessoas que desistem de viver, sentindo-se sufocadas pelo sofrimento, pela desilusão, ou diante de problemas que acreditam sem solução. A cura de nossos sofrimentos ou feridas ocorre de acordo com o grau de conhecimento que temos de nós mesmos. Somente a instrução sobre o Cristianismo redivivo, os conceitos sobre a continuidade da vida e o conhecimento de nós mesmos nos faz ter forças para enfrentarmos nossas deficiências e encontrarmos, no amor, coragem para renovarmos nossas forças para continuar ou recomeçar. A vida pertence a Deus e nada nem ninguém é capaz de tirá-la. Nosso corpo material é um empréstimo de Deus. Não temos o direito de interromper nossa existência na Terra. Ninguém morre porque perdeu o corpo. Continuamos a viver, no mundo dos espíritos, e, no caso do suicida, ainda mais comprometidos espiritualmente, por afrontar as Leis Divinas. Não podemos nos revoltar ou desanimar, porque tudo é passagem e tudo se encaminha para o melhor, é necessário apenas que sejamos pacientes, perseverantes e façamos a nossa parte.

Curiosamente, hoje pela manhã encontrei-me com a nossa Irene e solicitei um conselho sobre uma questão específica. – Davi, folheando o livro *O Evangelho Segundo o Espiritismo* encontrou uma página solta e continuou: – Ela me deu a seguinte mensagem.[17] Não imaginaria o quanto me seria útil neste momento:

"Nunca desanime!
O sacrifício demonstra o próprio progresso íntimo.

17. Mensagem do eterno amigo Ferdinando, publicada em outra obra. (N.A.E.)
A página "Desânimo", aqui citada, foi publicada no livro *Esperança viva*, 1. ed. São Paulo: Editora Lar Henrique, 1994, ditada pelo Espírito Ferdinando, psicografada pela médium Gilvanize Balbino Pereira. (N.M.)

O julgamento comprova que já conseguiu realizar uma parcela da obra pessoal.

A lágrima, muitas vezes, é o remédio para os enganos passados.

A disciplina representa harmonia na influência direta do espírito sobre a Terra.

A submissão construtiva é ternura e ensinamento.

O isolamento é a configuração da serenidade da vida interior.

O sofrimento é a libertação do conflito de reabilitação da alma para a carne.

A enfermidade é o caminho para o tratamento inadiável deixado ao esquecimento.

A separação de uma afeição é o estabelecimento da paz e da segurança.

A morte no lar evita sofrimentos maiores para os que partem ou para os que ficam.

Diante de qualquer circunstância da vida, que possa refletir ou anunciar os sintomas do desânimo, 'Mas levanta-te e fica firme em pé, pois, este é o motivo por que te apareci...',[18] *pois nos contratempos terrenos* 'O Conhecedor dos corações, Deus', *em sua infinita bondade, já se fez presente sem que você soubesse, amparando e ensinando, mesmo quando sinta que todos os canais de auxílio estejam esgotados.*

Ele sempre enriquecerá em bênçãos os corações enfraquecidos, mas os que persistem edificam em si o império do amor, do trabalho e do aprendizado deixado por Jesus."

18. Atos, 26:16 (N.A.E.)

Davi, emocionado, continuou:

– Infelizmente, não tive uma relação de amor com meu irmão. Somos distantes, e cada um seguiu um caminho. Admiro o que sente e o que faz por sua irmã. Assim que tudo isso passar, ela irá para nossa casa, e lá poderemos ajudá-la a recomeçar...

Aidê, ao ouvir as palavras do esposo, não escondia as abundantes lágrimas e, recuperando-se da forte emoção, disse:

– Meu querido, como acreditamos que na vida não há acaso, você é minha luz eterna. Sou grata por compreender e por estar ao meu lado. Sem você, tudo seria mais difícil. Eu o amo.

Assim, aqueles corações, firmando suas afeições, sem perceber, recebiam do invisível uma intensa e pacífica luz azulada, que lhes trazia paz e coragem.

DOIS DIAS se seguiram.

O efeito da medicação havia passado, e Ísis, sob os cuidados da irmã e do cunhado, recuperava-se lentamente. Ísis, esperançosa, reagia bem ao tratamento. A cada minuto, seu corpo, debilitado, recuperava a saúde.

Aidê, pacientemente, alimentava Ísis com o caldo carinhosamente preparado por Francisca. Após a refeição, Davi realizou os procedimentos médicos, com a intenção de certificar-se de que ela estava bem. Feliz com o resultado de sua averiguação, depois de ouvir-lhe os batimentos cardíacos, disse:

– Vejo que está bem melhor! – Segurando-lhe o queixo para examinar melhor seus olhos, prosseguiu: – Agradeço a Jesus e a todos os nossos amigos de um mundo invisível, que ao certo nos auxiliam. Meu amigo Olavo, aquele psiquiatra e terapeuta sobre o qual comentei com você, colocou-se à disposição para ajudar e, até, lhe fazer uma visita. O que acha disso?

– Meu cunhado, antes de tudo, quero agradecer o carinho com o qual tem me tratado. Sei que preciso de ajuda para vencer esta depressão. Dias atrás, se você me falasse sobre ele não aceitaria, mas, depois das últimas ocorrências, não me é licito contradizê-los. Aceito todo auxílio que puder receber, apesar de não me acreditar merecedora.

Aidê abraçou-a com carinho:

– Minha querida, que Deus seja louvado. Você vencerá. Olavo é amigo de Davi desde a infância. Sei que gostará muito dele. Confirmaremos sua visita o mais breve possível.

– Confesso-me confusa e não consigo entender o que aconteceu comigo. Sempre amei a vida, apesar de meus problemas. Algo me tomou o ser, e, sem que eu pudesse explicar, minha mente sofria uma forte influência, como se uma voz forçasse-me a tomar aquela decisão. De repente, senti um envolvimento carinhoso, tal qual um pai que abraça um filho. E o que me lembro foi o momento em que desmaiei. Quando tomei aqueles comprimidos, queria apenas dormir para tentar esquecer meus problemas. Não sei o que fazer, fui mãe a vida inteira. Abandonei o bufê infantil, mas tenho que me sustentar. Quem sabe conseguirei recuperá-lo? – Chorando, segurou as mãos da irmã e continuou: – Passei por muitos suplícios, mas acredite, jamais quis tirar minha vida. Mesmo nos momentos mais difíceis, confiei em Jesus, e sabia que Ele olhava por mim. Nada justifica interrompermos uma existência, nada. Sinto-me envergonhada pelo que fiz, e rogo ao Senhor que me perdoe. Agora, tenho que ter fé e encontrar forças para sair desta casa o quanto antes.

– Eu e Davi ficaríamos muito felizes se aceitasse vir morar conosco até quando você quiser.

Ísis, emocionada, derramou sucessivas lágrimas, e disse:

– O que seria de mim sem vocês? Agradeço e aceito. Além do mais, quero sair daqui o quanto antes. Nada quero levar daqui além de meus pertences pessoais, mas triunfarei. Não sei o que farei e não tenho planos para o futuro, mas a única certeza que tenho é minha fé.

– Não duvido que consiga reverter toda essa situação a seu favor – disse Davi. – Muitas vezes, temos que nos dar por vencidos para podermos, no futuro, encontrar a vitória, mas isso não significa que você não seja capaz. Conte conosco, porque acreditamos em você.

Enquanto aqueles corações firmavam o carinho que os unia, no mundo invisível Saul, ao lado de outros seres iluminados, derramava, sem julgamentos ou cobranças, uma luz azulada, trazendo paz e reconforto àqueles corações fatigados.

Capítulo 11

Quando Jesus escuta nossas preces...

"Quando o Senhor aprova os caminhos de um homem,
ele o reconcilia até com seus inimigos."

PROVÉRBIOS, 16:7

DOIS DIAS se passaram.

Ísis, Aidê e Francisca preparavam a mudança, quando soou a campainha. Eram Eva e Sônia, acompanhadas por três profissionais: um arquiteto, um decorador e um paisagista.

Após serem atendidas prontamente por Francisca, caminharam pela sala principal, ambas davam sugestões e ordens sobre a nova decoração, quando as irmãs se aproximaram. A esposa de Isaque, ao vê-las, disse com ironia:

– Minha cunhada! Acho que não poderei mais chamá-la assim. Bem, como é do conhecimento de todos, eu, em breve, morarei aqui. Sei que você não se importará se nos adiantarmos com alguns detalhes. – Dissimulando, continuou: – Não pense, nem por um momento, que a estou pressionando, mas gostaria de saber: quando será sua mudança?

Ísis, fragilizada, mantinha-se em silêncio. Aidê, tomando conta da situação, tentando conter-se diante de tamanho abuso, interveio:

– Fique tranquila, já estamos providenciando a mudança. Em respeito à situação em que minha irmã se encontra, sei que entenderão o que peço: por favor, vão embora e voltem em outra oportunidade.

– Atrevida. Quem você pensa que é? – perguntou Eva, visivelmente alterada. – Deve ser aquela que mexe com mortos e segue aquela seita espírita. Devem ter sido suas bruxarias que enfeitiçaram meu filho para casar-se com esta desprezível. É muito audaciosa, mas coloque-se no seu lugar. Quero que sua irmã saia desta casa o quanto antes. – Olhando severamente para Ísis, continuou. – Você é uma maldição, primeiro manchou minha família com aquele menino louco e agora a morte de meu Levi. Desde o início, sabia que não passava de uma oportunista. Fui contra este casamento, mas acredito que deve ter lançado algum feitiço sobre meu filho. Quero-a bem longe de todos nós.

Ísis derramou uma lágrima tímida e com coragem disse:

– Quando a conheci, tinha um sonho! Acreditei que me aceitaria e que seríamos amigas. Entretanto, o sonho não se concretizou. Nada lhe fiz nesta vida que justificasse tamanho ódio, mas quem sabe o que fomos no passado? Somente isso para explicar o porquê de me repudiar. Nunca fui um ser divino, mas me esforcei em muitas coisas para que me acolhesse. Não tenho mãe e acreditei que você pudesse sê-la. Infelizmente, me equivoquei. Aceitei tudo calada, todos esses anos, me anulei para que não houvesse conflitos. Apesar de não compreender, aceitava sua influência sobre Levi, que muitas vezes foi tão má que me resultou em violência do corpo e especialmente da alma. Na mesma condição de mãe, rogo, deixe a recordação de meu filho em paz e não se esqueça: ele também foi seu neto. Mesmo diante de uma pessoa tão fria, não digo que a odeio, mas sinto piedade, porque sei que não é feliz como tenta se apresentar. – Suspirando profundamente, Ísis continuou: – Sairei por aquela porta, não como entrei, porque tinha muitas esperanças e, entre elas, a de ter uma família que eu amasse e que me amasse, mas sairei corajosamente. Sem amor, porém com dignidade e muita fé. Não é comigo que você tem que se preocupar, mas consigo mesma. Esquecerei sua família e levarei somente as recordações dos poucos dias felizes que me acercaram o coração. Quanto a você, sempre viverá envolvida em sua maldade.

– Ora, não me venha com palavras filosóficas, querendo passar-se por 'santa', tentando me comover. Não terá nada de nós, cuidarei pessoalmente disso para certificar-me que, de fato, não levará nada de nós.

Tocada pelas palavras de Ísis, mas tentando disfarçar, ordenou:

– Tem somente uma semana para sair daqui. Agora, vamos embora, não suporto mais ficar perto desta gente.

Sem dizer mais nada, saíram. Aidê, nervosa, disse:

– Pela primeira vez vejo uma reação de sua parte. Não compreendo como aguentou tantas coisas calada.

Desconfiava que Levi agisse de modo violento contra você, mas recusava-me acreditar. Em outros tempos, eu mesma responderia a essas agressões com palavras impiedosas, mas tento a cada dia me modificar, pois reconheço minhas imperfeições. Converti-me ao Espiritismo porque lá não fui julgada por minhas falhas e deficiências, me aceitaram como sou. Com ele aprendi muitas coisas, mas, diante de situações como esta, a cada dia percebo o quanto tenho a aprender. Você é uma grande mulher...

Ísis abraçou a irmã, e chorava convulsivamente. Entre os tristes soluços, disse:

– Seu coração é bom. Sou uma sobrevivente, nada mais. Somente o Senhor para me sustentar, desconheço meu amanhã, mas não temerei...

Aidê acomodou-se em um assento próximo a algumas caixas que acomodavam pertences de Ísis. O livro intitulado *O Evangelho Segundo o Espiritismo* saltou-lhe aos olhos. Aidê pegou-o, folheou-o, e encontrou uma página solta:

– Veja, não estamos sozinhas, observe como o Senhor sempre encontra um meio para falar conosco, basta abrirmos nosso coração para ouvi-Lo. Escute esta bela mensagem dos céus:[19]

---

19. Mensagem da eterna amiga e irmã em Cristo, Raquel, publicada em outra obra. (N.A.E.)
A página citada, intitulada "Lenços do invisível", foi psicografada por Gilvanize Balbino Pereira. (N.M.)

"Não desista, tolera um tanto mais. Nada poderá vencer o coração de quem está com Jesus.
Não chore, resista. Nenhuma tristeza poderá ser tão grande para retirar seu sorriso.
Não pare, lute um pouco mais. Nenhuma batalha com Jesus poderá ser vencida pelo mal.
Não critique ou julgue os outros, compreenda. Os nossos semelhantes também necessitam vencer os próprios desafios interiores.
Não condene, siga. Quem fere também está ferido diante de Deus.
Não duvide, creia. Jesus não duvida de nenhum filho de Deus que esteja temporariamente longe de sua verdade.
Não se desespere, levante-se. A provação de agora é luz para o amanhã.
Não entre em agonia, espere. Todo problema de hoje dito sem solução é escola que aprimora o espírito.
Seja qual for o motivo ou por quem for, não se esqueça de que, no carro que impulsiona a vida, sempre quem vai à direção é Deus, portanto, para quem crê, ora e vigia, jamais haverá sofrimento eterno sem aprendizado, haverá sempre a mão do Senhor indicando o rumo certo, o destino limpo chamado viver."

Uma brisa suave invadiu o ambiente, trazendo um perfume especial. Em seguida, as irmãs e Francisca continuaram organizando a mudança, guardando no coração aquelas palavras que, de alguma maneira, reforçava-lhes a fé e coragem para continuar...

UMA SEMANA após os fatos relatados, Ísis já estava instalada na casa de Aidê, que também havia contratado Francisca, para servir aquela família que havia crescido.

Naquela manhã, aqueles corações tomavam o desjejum, quando Aidê disse:

– Estamos muito felizes por você e Francisca estarem aqui.

– Estou muito bem instalada e sinto-me à vontade, pois vocês tem sido meu alicerce, nem sei se poderei um dia retribuir, em especial, o que fizeram por minha Francisca. Ela me auxiliava em tudo quando Lucas estava vivo. Em meio àqueles surtos, se não fosse ela, não sei se suportaria. Além do mais, ela só tem um filho, que foi embora para o Nordeste, e, em sua idade, não arrumaria outro emprego. Muito obrigada...

– Ora, não nos agradeça, precisávamos de ajuda – disse Davi, animado. – Amo Aidê, mas, em matéria de culinária, ela não entende nada. – Entre sorrisos, alterou o rumo da conversação: – Hoje, é sua primeira consulta com Olavo. Está confirmada.

– Eu a acompanharei – intercedeu Aidê. – Estarei contigo e tudo ficará bem. Compreendemos sua dor e sofrimento, mas você vencerá.

– Por Deus! – disse Ísis, emocionada. – Sinto-me envergonhada. Fazem tanto por mim e sequer poderei pagar a consulta.

– Não se preocupe – disse Davi –, Olavo é um grande amigo, e ele se colocou à disposição para ajudar. Lembro-me de quando ele casou e foi morar na França para fazer um curso de especialização. Infelizmente, seu casamento não durou um ano. Quando descobriu que não podia ser pai, sua esposa conheceu um francês e o abandonou. Após a separação, ele voltou para o Brasil e eu o ajudei em sua reabilitação. Ele é como um irmão de coração. Apesar disso, sei que ele é um excelente profissional e pode ajudá-la. Como hoje estamos de plantão, eu, Aidê e Olavo, ele a atenderá no hospital. Para você tudo bem?

– Sim claro, não importa onde seja, agradeço o carinho de vocês. – Respirando fundo, disse: – Sim eu irei, tenho consciência de que preciso muito de ajuda. Nem sempre podemos caminhar sozinhos, e sei que o Senhor sempre coloca as pessoas certas em nossas estradas.

– Então, vamos – disse Aidê –, não quero que se atrase.

Durante a animada conversação, partiram, levando no coração a esperança, para encontrar mais um amanhecer.

AO CHEGAREM ao hospital, imediatamente seguiram para o consultório, onde Olavo os aguardava.

Após os cumprimentos, Olavo não desviava o olhar de Ísis, e disse:

– Muito prazer em conhecê-la! Perdoe-me, mas já não nos vimos em algum lugar? Parece-me tão familiar!

– Acredito que não, mas tenho a mesma sensação que a sua. Tenho tanta certeza de que já o conheço, mas não consigo explicar racionalmente o que se passa comigo agora. Estarei enlouquecendo? – Após breve pausa, continuou: – Pensando bem, deve ser um *déjà-vu*.[20]

– Meus caros – disse Aidê –, segundo o que aprendi, nós reencarnamos, ou seja, vivemos muitas existências na carne. Esquecemos, temporariamente, o passado, para viver melhor ao lado daqueles a quem amamos e dos nossos desafetos, para nos reconciliarmos. O objetivo da reencarnação é a evolução do espírito rumo à perfeição de Deus,[21] para que possamos viver ao lado de nossos afetos ou desafetos, com o foco no objetivo de nossa reencarnação, que é o desenvolvimento individual de cada um de nós rumo a Deus. – Sorrindo, prosseguiu: – Então, quem sabe vocês já não se conheciam de algum lugar do passado?

– Minha amiga sabe bem que conheço esses conceitos, foi você e Davi que me levaram a conhecê-lo. Entretanto, concordo com você e acrescento: na vida não há acaso.

Cortês e educado, continuou:

– Vamos entrar.

Davi, apressado, intercedeu:

– Acreditem, falo tanto de vocês um para o outro, que devem mesmo se conhecer – sorrindo, retirou-se.

---

20. *Déjà-vu*: (locução de origem francesa) forma de ilusão da memória que leva o indivíduo a crer já ter visto (e, por ext., já ter vivido) alguma coisa ou situação de fato desconhecida ou nova para si; paramnésia. *Dicionário Eletrônico Houaiss*. (N.M.)

21. Sobre o esquecimento do passado, veja também o item 11º do 5º Capítulo de *O Evangelho Segundo o Espiritismo* (São Paulo: Petit Editora), de Allan Kardec, "Bem-aventurados os aflitos" (N.M.)

– Querida, para deixá-la mais à vontade, não participarei da consulta – disse Aidê –, mas estou aqui, atendendo os pacientes da manhã. Peço que me espere. Após terminar de atender meus pacientes, a levarei para casa.

Abraçando-a carinhosamente, conclui:

– Está fazendo o melhor. Acredite, você irá se recuperar.

A manhã seguiu rapidamente. A consulta de Ísis durou quase três horas. Ísis e Olavo ficaram amigos. Iniciava-se uma grande amizade entre o médico e a paciente que Deus havia confiado aos seus cuidados.

Capítulo 12

Quando as trevas se manifestam contra os bons...

“A justiça dos íntegros endireita o seu caminho,
e o ímpio cai por sua impiedade.”

Provérbios, 11:5

DEPOIS DE quinze dias, Ísis iniciou o tratamento terapêutico, e se reunia com Olavo três vezes por semana. Aos poucos, se recuperava, e, como por magia, o brilho de seus olhos havia retornado. O ambiente na residência de Aidê era tranquilo e sereno, todos seguiam se adaptando uns aos outros, com respeito e serenidade.

Tal melhora apresentada por aqueles corações contrariava Abadom e Cimério.

Os seres encarnados, por vezes, não imaginam o quanto são suscetíveis a influências inferiores. Portanto, estudar, vigiar e orar continuam sendo os grandes pilares que nos conduzem a Deus.

No mundo invisível, Abadom, ao lado de seu amigo Cimério, disse:

– *Quase conseguimos trazer Ísis para nosso lado, mas aqueles iluminados me atrapalharam. Não consigo entrar na residência de Aidê e Davi, uma couraça protege aquele lugar. Descobri que é a oração que fazem juntos, num culto chamado "Evangelho no Lar". Ali, nossa ação é anulada. Também tentei entrar na casa espírita que eles frequentam, mas também não consegui. Lá, é praticamente impossível. Tentei exercer minha influência sobre a médium, mas não obtive êxito. Somente consegui trazer para o meu lado alguns médiuns daquela Instituição, e nada mais.*

– Pensou em algum plano? – perguntou Cimério.

– Sim, decidi mudar de estratégia. Percebo que Davi é o equilíbrio daquelas mulheres. Então, vou atacá-lo pessoalmente.

Se conseguirmos tirá-lo do caminho, elas fraquejarão, e poderemos agir com maior força.

Seguindo seu plano, partiram em direção ao Hospital.

NAQUELA MANHÃ, Davi, como de hábito, atendia seus pacientes. Inesperadamente, sua secretária, chamada Paula, informou-o de que o pronto-socorro havia lhe endereçado um caso crítico.

Com rapidez, ela lhe entregou alguns exames e, instantes depois, Davi pediu que o doente entrasse.

O paciente visivelmente apresentava sinais de que já estava havia muito tempo sob forte influência de um mundo sem luz. Seus pensamentos pessimistas serviam de hospedeiro a diversas criaturas temporariamente perdidas e fixadas em maldades, desvios de conduta e, sobretudo, distantes de Deus.

Seu grave estado espiritual, além daqueles inimigos que o acompanhavam no invisível, atormentando seus dias, imantando seu perispirito com uma energia densa, facilitavam a ação de Abadom.

Davi, após preencher o prontuário e terminar a anamnese, examinava cuidadosamente as radiografias do enfermo. Enquanto isso, Cimério, com rapidez e sutileza, fixou fios magnéticos em seu músculo cardíaco e sobre seu fígado, gerando uma sobrecarga na função hepática, reduzindo-lhe a produção de glicogênio.

Por meio desses fios condutores, emanava um fluido denso, descompassando o coração, acarretando uma arritmia, levando-o a um desmaio.

Os procedimentos de Cimério, se utilizados para o bem, seriam artigos de estudo e mérito no meio acadêmico da Medicina e trariam muitos benefícios aos necessitados da Terra; ali, porém, significava comprometimento cardíaco e, até, um possível óbito.

Abadom e Cimério, satisfeitos, recolheram-se, para não chamar a atenção. No entanto, Saul intercedeu imediatamente.

Influenciado por Abadom, que o obsidiava, o paciente, alucinado, gritou:

– Como pode um médico desmaiar na frente de um paciente? Abrirei uma queixa contra ele agora mesmo.

Entre muitas reclamações, retirou-se, ao mesmo tempo que Paula, rapidamente, correu para buscar ajuda.

Enquanto isso, a bondade do médico espiritual e sua equipe não se ausentava daquele coração, tentando aliviar-lhe os sintomas, mas o hábito de Davi alimentar-se em excesso dificultava-lhes a ação.

Os médicos Olavo e Antonio não demoraram a chegar, e socorreram o amigo.

Aidê foi notificada a respeito das últimas ocorrências e seguiu para auxiliar o esposo. Seu desespero e agonia despertavam comiseração em seus amigos.

Horas mais tarde, os procedimentos médicos foram concluídos. Para a Medicina terrena, o diagnóstico era miocardite, causada por uma síndrome viral, mas, para o médico espiritual, era a sobrecarga energética basal no ventrículo direito, impedindo a injeção do sangue para a artéria pulmonar.

Ainda insatisfeito com o resultado de seus malefícios, Abadom influenciou Kaleo, o cardiologista, para que encaminhasse o paciente para uma cirurgia de emergência. Era a oportunidade de atingir seu objetivo: empurrar Davi na direção da morte. Ísis havia sido contatada e seguiu para apoiar a irmã. Aidê, inconformada, chorava convulsivamente, quando Olavo foi visitar o amigo no quarto hospitalar:

– Acabo de receber os exames. Confesso que estou surpreso com a conclusão, porque até hoje pela manhã ele estava ótimo. De repente, foi acometido por esta enfermidade. Kaleo me disse que precisa entrar em processo cirúrgico, mas tivemos longa discussão, e ele não quer rever seu diagnóstico. Nunca o vi tão irredutível. Discordo de suas conclusões, acho-as prematuras. – Secando o suor das frontes, prosseguiu: – Disse que seremos culpados se você não operar o quanto antes. Recomendo buscarmos nova opinião médica, pois cardiologia não é minha especialidade. Agora, não sei o que faremos.

– Eu sei – disse Davi, seguro. – Peça para Irene me visitar. Se eu tiver que entrar em processo cirúrgico, pelo menos quero estar confiante quanto os desígnios do Senhor, e em paz comigo mesmo.

– Como não pensei nisso antes? – disse Aidê. – Meu querido, eu mesma irei buscá-la.

ENQUANTO ÍSIS e Olavo se ausentaram temporariamente, Aidê e Irene chegaram ao hospital.

Irene, com discrição, adentrou o quarto do amigo, que, ao vê-la, não conteve as lágrimas:

– Perdoa-me por incomodá-la pedindo para vir até aqui, mas preciso muito de você. De súbito, fui submetido a este estado, e estou preocupado. Não tenho me cuidado muito nos últimos tempos. Excedi-me em tudo: na alimentação, nos plantões e me ausentei da casa espírita. Agora, sinto que não fui vigilante e cheguei aonde estou. Não acredito que seja isso que esteja me incomodando. Algo espiritual aconteceu, e eu não consigo decifrar a origem disso. Rogo a Deus seu amor e comiseração.

Conhecendo toda a história narrada no caminho por Aidê, Irene, carinhosamente, sem muitas palavras, orou:

– Senhor, médico eterno de nossa consciência, conhecedor de nossas chagas íntimas e de nossas mais profundas limitações, mesmo em minha ignorância e imperfeição, sei que devo exaltar seu nome. Eleva-nos aos céus e inspira-nos a nos transformarmos nos verdadeiros seguidores de Jesus, aqueles que não desistem diante do primeiro obstáculo. Discípulos conscientes dos seus deveres não se detêm diante dos próprios erros, a contemplar seus ferimentos, mas se ocupam em ajudar o próximo a corrigir-se e a curar-se.

Coloco-me à sua disposição, para servir em seu sagrado nome, confiante de que não estamos sozinhos, e a luz sempre triunfará sobre as trevas. Permita que a sua bênção celeste recaia em cada coração e que, abençoados e cheios de glória, a saúde física e espiritual sejam revertidas agora em cântaros eternos iluminados de esperança, envolvendo a cada um com o amor fraterno e colocando os filhos de Deus prontos a continuar. Se for de nosso merecimento, por misericórdia, venha em nosso socorro...

Neste momento, Irene, conhecendo suas responsabilidades mediúnicas, foi envolvida por extraordinária força. Conectando-se a um campo vibracional superior, como se estivessem acostumados a trabalhar juntos por muitos anos, Saul, seu antigo amigo, uniu-se a ela, em vínculo de confiança e respeito.

Enquanto a mão direita da médium mantinha-se sobre o coração de Davi, uma chuva de luz azulada derramou-se sobre o doente, desfazendo o magnetismo doentio impregnado naquele órgão por Abadom.

A feição de Davi se modificava e serenava quase que instantaneamente, fazendo-o suspirar aliviado, enquanto o semblante de Irene se modificava, envolvido por divina luz.

Logo após, Irene, com carinho, leu um capítulo *do O Evangelho Segundo o Espiritismo* e, em seguida, a mensagem:[22]

---

22. Mensagem do eterno amigo Ferdinando, publicada em outra obra. (N.A.E.) A página "Rogativa do caminho", aqui citada, foi publicada no livro *Esperança viva*, 1. ed. São Paulo: Editora Lar Henrique, 1994, ditada pelo Espírito Ferdinando, psicografada pela médium Gilvanize Balbino Pereira. (N.M.)

"Senhor:
Ilumina-nos a visão com o esplendor de luz do seu manto de compaixão, paciência e sabedoria.
Estende-nos, por mais uma vez, as mãos, para libertarmo-nos das trevas que ainda residem em torno de nós;
Reajusta-nos com as lições de sofrimentos para entendermos a vida imortal, sem violência ou desarmonia;
Releva-nos quando ainda cultivamos a saudade mal sentida, o cansaço incessante, o assombro diante da dor ou o apego ao supérfluo que nos petrifica a alma;
Restaura-nos as esperanças partidas nos bálsamos da sua glória, sob o sustentáculo do trabalho;
Converta-nos em trabalhadores, discípulos que não reclamam, em servos alegres e silenciosos, humildes e perseverantes;
Em tantas necessidades que ainda possuímos, suplicamo-Lhe que sejamos acrescidos de forças, para que a nossa distração não seja sinônimo de renúncia à sua sabedoria;
Guarda-nos, por misericórdia, como servidores fiéis que ainda necessitam de sua luz e compreensão, para fortificar o coração, observando o passado culposo sem que ele possa nos perturbar o presente que reajusta ou o futuro que nos transforma.
Senhor, enfim, permaneça conosco, inspirando e auxiliando-nos para que não roguemos em vão. Diante dos difíceis obstáculos ou tormentas, seja sempre a fonte de luz que nos direciona sempre para o coração de Deus."

Todos os presentes emocionaram-se diante daquela cena. Irene, com simplicidade, recolheu seus pertences, beijou a testa do amigo, abraçou um a um, e ainda envolvida pela influência de Saul, despediu-se. Aidê, emocionada, disse:

– Como poderei agradecer o seu carinho? Levá-la-ei de volta.

– Não há o que agradecer, apenas fique com seu esposo. Ele precisa muito de você. Irei em paz e seguirei só.

Sorrindo, partiu, deixando aqueles corações envolvidos pela força dos céus.

NO DIA SEGUINTE, Davi foi submetido a novos exames.

Sem compreender, um novo médico, chamado Nunes, assumiu seu caso. Na tarde daquele mesmo dia, ele foi visitar seu paciente, e disse:

– Disseram que este caso era cirúrgico? Somente partimos para uma cirurgia em casos extremos. Não há nenhuma necessidade de o submetermos a uma cirurgia. Entraremos com medicação intravenosa e oral. Deixarei aqui as prescrições e ficará muito bem.

Retirando-se, foi cumprir suas obrigações médicas naquele andar.

Aidê não escondia a alegria e também a surpresa. Davi não se conteve:

– Por Deus! Agradeço. Ficarei mais atento à minha saúde e buscarei me cuidar melhor. Tenho consciência de meus excessos na alimentação e com o vinho. Preciso dar atenção a isso. Fui irresponsável. Acreditamos que Deus tenha de fazer tudo por nós, mas devemos fazer nossa parte e sermos mais vigilantes. Não é porque estamos amparados por nossos amigos do invisível que não devemos cumprir com nossas obrigações.

Respirando profundamente, disse:

– De alguma maneira, desconfiei ter sido acometido por algum processo espiritual. Não consigo compreender tamanha investida do mal contra mim. Bem, é melhor não nos vincularmos a isso, o que importa é que, assim que eu receber alta e sair do hospital, irei à casa espírita. Quero ser útil, continuar o meu trabalho.

– Meu querido, por alguns instantes acreditei que ia perdê-lo. Mesmo conhecendo os conceitos sobre a vida após a morte, apavorei-me ao pensar em viver sem você. O Senhor não nos deu filhos, mas nos deu o nosso amor. Juntos, iremos encontrar Irene...

Naquele momento, o ambiente foi envolvido por uma luz celestial, enquanto aqueles filhos de Deus permaneciam unidos e emocionados, firmando seus pensamentos em Jesus, que não esquece de ninguém: *"E agora, filhos, escutai-me. Não vos afasteis de minhas sentenças."*[23]

---

23. Provérbios, 5:7. (N.A.E.)

Capítulo 13

Quando a Luz vence as Trevas...

"A sabedoria do sagaz discerne o seu caminho,
a estultícia dos insensatos se engana."

PROVÉRBIOS, 14:8

ENQUANTO DAVI apresentava surpreendente melhora, Irene, reconfortada pela mensagem que recebera, retornara ao seu lar. Exausta, recolheu-se ao leito e orou fervorosamente, rogando a Deus que se servisse dela como instrumento de sua vontade para auxiliar os aflitos e sofredores. Em especial, pediu por Davi, pelo seu pronto restabelecimento. Sua prece foi ouvida. Amparada por benfeitores espirituais, afastou-se do corpo físico e, em desdobramento espiritual, ganhou as ruas da cidade e foi conduzida até as proximidades da casa noturna onde Levi e outros espíritos estavam aprisionados. Aqueles que frequentavam o local sequer imaginavam o que ocorria no plano espiritual daquele ambiente tão comprometido com o vício. Em instantes, viu-se diante de Abadom: carregava lanças nas mãos, e sua aparência era assustadora.

Enfraquecida em virtude do magnetismo escurecido emanado por Abadom, Irene curvou-se sobre os joelhos e caiu, quase vencida.

Ele, com sua forma assustadora, aproximou-se. Armado, com lanças em suas mãos, gritava:

– A mim você não engana, sei quem é. Quer se passar por santa, mas não passa de uma pecadora cheia de débitos. Acredita-se mais forte do que eu? Destruirei você. Assim, aquele lugar habitado pelos seus amigos, os iluminados, será arrasado pela força do meu bando. Até agora tolerei o que fizeram. Mas não tolerarei mais. Há tempos não deparava com um médium como você. Diga-me, onde estão seus amigos? Está abandonada e sobre meu arbítrio. É isso que os iluminados fazem, usam as pessoas enquanto precisam, depois os abandonam. Transformam pessoas em aparelhos e, quando os aparelhos necessitam de ajustes, eles desprezam.

Irene sentia o coração oprimido pelas vibrações negativas do ambiente, mas, corajosamente, expressou-se, determinada:

– Sei quem sou. Não vejo motivos para que perca tempo comigo. Confio em Deus, que nunca nos abandona. Ele não o esqueceu, Abadom. Foi você que se afastou Dele.

Abadom não sentia a menor comiseração pela médium. Enquanto Irene falava, o obsessor procurava envolvê-la em fluidos tóxicos e repulsivos.

– Vamos, subjugue-se a mim, dessa forma serei misericordioso com você. Caso contrário, irei massacrá-la até estar consagrado seu fim. Trabalhe para mim e não para os iluminados. Seus amigos a ignoram e você não tem mais ninguém senão a mim. Quero ver suportar tamanha dor. Ao despertar, estará acometida por forte e desconhecida enfermidade, e não tardará para estar aqui comigo. De todas as maneiras, eu farei com que pare. Conheci muitos médiuns, e todos se vincularam a mim de alguma forma. Você é mais resistente, mas eu a vencerei.

A situação em que ela se encontrava era desesperadora. Irene orou, corajosamente:

– Senhor Jesus, entre tantas dificuldades, sempre exigimos do Senhor um sinal. Suplico-lhe que nos acolha sob seu manto sagrado de compaixão e não nos deixe sucumbir em nossas imperfeições. Estenda-nos as mãos, porque também lhe oferecemos o nosso olhar resignado e pleno de gratidão. Estou consciente de que o Senhor não se esqueceu de nós e sempre nos ofereceu a luz enquanto éramos sombras; a água, quando tínhamos sede; e sobretudo seu amor, quando éramos somente solidão...

Irene pronunciava a prece em tom de voz suave e doce, mas Abadom parecia indiferente ao seu apelo, e preparava-se para arremeter-se contra ela. Foi quando um clarão iluminou o ambiente onde se encontravam. Diante deles, surgiram os benfeitores espirituais que amparavam a casa espírita que Irene frequentava.

Unidos, os espíritos irradiaram intensa luz azulada, alimentados por uma fonte que jorrava do mais alto. A visão comoveu Irene, que sentia, em espírito, a ação do bem sobre si mesma. O ambiente, havia poucos instantes medonho e sombrio, modificou-se. A claridade atordoava os espíritos ainda fixados nas sombras, refratários à luz que ilumina as almas.

Espíritos das sombras, instigados por Abadom, investiam contra os benfeitores espirituais, mas, depois de sucessivas tentativas, desistiram de seus intentos, percebendo sua fraqueza diante da fortaleza espiritual revelada por aqueles que lá se encontravam em divina missão. Alguns, exaustos, caíam aos pés dos espíritos de luz, e, arrependidos, pediam misericórdia. Eram, então, conduzidos por zelosos tarefeiros a um posto de socorro nas imediações do local onde se encontravam.

Abadom, surpreso e irado, encheu-se de força e apontou uma lança para a médium. Irene atemorizou-se com aquela visão e sentiu o coração apreensivo. Percebendo a vacilação da médium, Saul, o médico espiritual, aproximou-se e interpôs-se entre ela e o líder dos espíritos, isolando-a do ataque perverso. No mesmo instante, outras entidades do bem se aproximaram, e, semelhantes a um corpo solar, expandiram-se em amor e força. Enfraquecido e sem forças, Abadom ajoelhou-se. Cimério, acompanhado de outros espíritos renitentes no mal, presenciando o líder prostrado diante de seus opositores, depressa abandonaram o lugar.

Inconformado com a derrota e a retirada de seus cúmplices, Abadom, terrivelmente enfurecido, modificou sua aparência espiritual. Seus gritos de revolta assemelhavam-se a uivos de um lobo. Amanda, uma das benfeitoras espirituais, foi em sua direção, sem demonstrar medo ou repugnância. Corajosamente, abraçou o espírito sofredor. Abadom chocou-se com o gesto, incapaz de entender a razão que motivou entidade tão luminosa a acolhê-lo em seus braços tal qual a um ente querido. Aos poucos, seu corpo assumia a forma humana, seu rosto apresentava as feições de um homem.

Saul, na condição de médico, auxiliava Abadom a recuperar-se, apoiado por Amanda, a venerável entidade responsável pela sua transformação, que declarou:

– *Nós o amamos, Abadom. Estamos aqui para ajudá-lo. Veja: as trevas em que envolveu este ambiente foram dissolvidas. Agora, aqui reina a luz. A mesma luz que, a partir de hoje, vai iluminar seu destino.*

– *Como pode me falar de amor? Acabaram com minhas forças. Estou enfraquecido, mas me recuperarei. Foi o seu Deus que me afastou de quem eu amava. Todos estão mortos para sempre. Por muito tempo, lutei para esquecer esta dor, mas agora as lembranças retornam fortes em minha mente.*

– *Deus não o abandonaria no submundo perverso criado por você mesmo* – interveio Amanda, com extrema candura. – *Seus amores estão vivos, mais vivos do que possa imaginar. Eu o ajudarei a recordar o passado.*

"Há muito tempo você era um homem digno, um médico amado pela comunidade e morava em uma vila em Sevilla na Espanha. Sua esposa chamada carinhosamente de Lola, era uma mulher valorosa, que o amava muito, e desse casamento nasceram dois filhos: uma bela jovem e um forte rapaz.

Ao seu lado, também vivia um fiel amigo de infância, que você reconhecia como o único irmão que a vida havia lhe dado, seu nome era Tomaz, também médico, e juntos exerciam a Medicina, com muita dedicação. Ele enfrentava corajosamente a viuvez e vivia para sua única filha, a doce e encantadora Mina, que você e sua esposa adotaram como uma filha do coração.

Para alegria de todos, seu filho e Mina apaixonaram-se e se casaram. Ambos pareciam um só coração e confirmavam que o amor entre os filhos de Deus sempre é possível. Era uma vida pacata, mas feliz, confirmada pela chegada do primeiro neto, pois Mina esperava uma criança para muito breve.

Entretanto, a vida nem sempre segue serena. A filha de um aldeão adoeceu, você e Tomaz não puderam auxiliá-la, e ela veio a óbito. Esse pai, revoltado, acreditando que vocês haviam sido negligentes, denunciou sua família e Tomaz ao tribunal da Santa Inquisição, alegando atos de bruxaria. Um frei auxiliou na coleta das supostas provas, que foram fatais para conduzir todos às fogueiras.

Na densa fumaça, anunciava-se o pior, e todos foram mortos, inclusive Mina e seu filhinho. De maneira surpreendente, você conseguiu fugir e jurou, para si mesmo, que não acreditaria mais num Deus que permitia tal crueldade. Desde então, por onde passou, deixou o rastro de destruição ou agonia, em nome de uma triste e sombria vingança, fortalecida com a ajuda de Cimério."

– Que me importam estas pessoas, se não me lembro mais de seus rostos? Deixe-me, pare com essas tolices de recordações que não voltam mais.

Amanda, secando uma lágrima tímida, interveio:

– Lucas, o jovem que você tanto atormentou, era o frei desta história; Levi, que tanto sofreu o peso de seu jugo, era seu filho amado; Ísis, aquela que por sua influência quase cometeu o suicídio, era sua adorada filha. Ambos retornaram com a missão de serem pais de Lucas, para o retirarem do alvo de sua perseguição. O delator de sua família hoje se encontra

na roupagem de Eva, mãe de Levi. Tomaz, eterno amigo, transformou-se em Cimério, e as forças da escuridão fizeram com que se esquecessem de quem eram. Sua nora, a adorada Mina, aceitou o grande desafio de nascer na condição de filha de Cleo e Levi.

Abadom não escondia o desespero. Com as mãos encobrindo a face, gritou:

– *Não, não é verdade, os iluminados sempre mentem* – olhando para o médico espiritual, continuou. – *Deve ser mais uma mentira ou histórias de um Jesus bondoso que não foi capaz de conter o ódio de sua Igreja.*

Foi quando Saul, o médico espiritual, vibrando amor e compaixão, se manifestou:

– *Jesus nos legou o amor e luz, que se irradiam do seu Evangelho, mas os homens, ávidos por riqueza e poder, criaram uma Igreja muito distante de seus sublimes ensinamentos.*

– *Deixem-me ir...* – olhando fixamente para o médico espiritual, continuou. – *Tudo isso é uma grande mentira. Diga-me. Quem é você e por que me auxilia? O que quer em troca?*

– *Creia, os relatos são verdadeiros* – disse o médico espiritual – *Sou seu amigo, amigo muito antes desta vida que acabou de voltar à sua mente. Você foi, um dia, um médico brilhante e caridoso, antes de esses fatos ocorrerem. Queremos que vença os fantasmas de um passado que ainda habita em seu espírito e não voltará mais. Assim, conseguirá voltar a ser o homem digno que tanto amava o Senhor, mas por motivos tão próprios decidiu seguir os desvios que o mundo apresentava. Por agora, esqueça o que passou. Deus, nosso Pai, necessita de você, e conseguirá vencer a si próprio e se transformar em luz. Quem vive em razão de uma vingança é um enfermo que necessita de amparo.*

– *Como posso receber sua compaixão se também o persegui e lhe causei incontáveis infortúnios?*

– *Minha tarefa aqui não é julgar seus atos, mas sim auxiliá-lo. Amigo, estendo-lhe as mãos e rogo que venha conosco, mergulhe no mar de imenso amor que o Altíssimo derrama sobre todos nós. Busque no fundo de seu espírito a certeza de que todos possuem uma chance para se modificar e se apresentar diante da vida como realmente é, um filho de Deus.* – Estendendo-lhe a mão, prosseguiu: – *Agora, venha...*

A luz que emanava daquele emissário celeste envolvia Abadom, fazendo-o sentir um amor há muito esquecido. Derramando sucessivas lágrimas, disse:

– *Onde está minha esposa, a quem devotei meu eterno amor, e que também me abandonou?*

– *Estou aqui, Abadom. Não me reconhece?* – disse Amanda. – *Deus, infinitamente justo e bom, permitiu que eu viesse até aqui para recuperá-lo.*

– *Oh, Deus* – disse Abadom. – *O que fiz? Em que me transformei?*

Sensibilizado, Abadom despojou-se de toda a revolta. Sua expressão, calma e suave, denotava que a esperança voltara a reinar em seu coração.

SAUL, ACOMPANHADO de um grupo de médicos, enfermeiras e outros benfeitores do plano espiritual, adentraram o recinto onde se encontravam espíritos mentalmente ligados ao ex-líder das sombras. Aqueles que se encontravam em condições de receber auxílio foram encaminhados a um posto de socorro. Outros, alheios ao amor celestial que lhes resgatava a liberdade, afastaram-se depressa, em busca de um local compatível com a vibração tenebrosa em que detinham o pensamento. O médico espiritual caminhava entre eles, com a intenção de encontrar Levi e socorrê-lo. Foi quando vislumbrou cenário aterrador.

Levi estava no leito, como se estivesse numa Unidade de Tratamento Intensivo, uma UTI da Terra. Sua condição, digna de piedade, exigia atenção especial: sua mente encontrava-se completamente envolvida por forças maléficas, às quais o desencarnado se imantava, por afinidade.

Sem mais deter-se na contemplação do triste estado em que se encontrava Levi, Saul aproximou-se dele com a intenção de socorrê-lo, libertá-lo daqueles equipamentos. Mas recebeu em resposta de Levi:

– Se pensa que seu método de bondade me cativa, está completamente errado. Agora, seguirei o novo líder, Cimério.

Sem dizer uma palavra, Levi entregou-se aos próprios pensamentos. Sua mente, sintonizada com aquele mundo escuro e sem compaixão, preparava-se para fomentar a vingança e o sofrimento.

APÓS O TRABALHO encerrado, os primeiros raios de sol anunciavam um novo amanhecer.

Irene, antes de retornar ao corpo físico e iniciar as atividades de um novo dia, foi carinhosamente envolvida em fluidos benéficos e calmantes. Saul a examinou e disse:

– *Está bem. As sequelas serão poucas e quase imperceptíveis. Sei que não compreendeu o motivo de termos permitido que fosse conduzida até lá. Pelo fato de estar encarnada, seu corpo espiritual é mais denso. As sombras sempre erram de alguma forma, e não seria diferente com Abadom. Ele estava certo de que você era uma das causadoras de seus insucessos. E, então, ele via só a você. Por isso, sua participação foi fundamental para o êxito desta missão.*

Recuperando as forças, Irene respondeu:

– Sou grata pela oportunidade de ajudar o próximo. Sei que o maior beneficiado com minha ajuda sou eu mesma, porque receberei o mesmo que fui capaz de doar.

– *Saiba que somos resultado de nossas escolhas, e o médium responsável é aquele que jamais abandona os estudos e os trabalhos. Mediunidade é um aprendizado constante. É servir ao próximo em nome de Jesus. Muitas vezes, as dificuldades pesam-lhe sobre os ombros, mas Deus ampara aqueles que não desistem da tarefa, que semeiam a esperança e a consolação, secam as lágrimas alheias, esquecidos das próprias dores e seguem, determinados, o roteiro que Jesus lhes legou. É importante o médium amadurecer, não prender-se a ilusões. Livre da vaidade, do orgulho, esquecido de si mesmo, consciente que trabalha para o bem comum, de que é um canal por intermédio do qual Deus transmite a consolação, o esclarecimento e a esperança, o médium cumpre a tarefa que abraçou na espiritualidade. Contribui, dessa forma, para que a humanidade possa viver melhor. Sua conduta, seu reto proceder no bem, o afasta dos golpes das sombras, que só atingem aqueles que se permitem influenciar por elas.*

Então, todo aquele que serve ao Cristo, deve continuar trabalhando, silenciando e esperando, pois Deus acolhe a todos, inclusive aqueles que estão envolvidos pelas sombras da ignorância e trazem o coração endurecido, porque, um dia, também acolherão a luz. Muitas vezes, olhamos para a Terra e encontramos muitos querendo se iniciar nos trabalhos mediúnicos, mas nos primeiros obstáculos desistem e dizem-se cansados. Voltará levando em sua mente as seguintes palavras[24] *e ensinamentos:*

> *"No início do trabalho mediúnico, muitos amigos encarnados apresentam-se inseguros, temendo não executar com precisão o serviço no bem.*
> *Colocam vários obstáculos diante do caminho, dificultando a compreensão da tarefa individual, na obra de amor de Deus na Terra.*
> *Relembram e lamentam as provações passadas, com pesar destruidor, esquecendo que todas as dores de ontem, e hoje, iluminarão o amanhã.*
> *Sofrem por querer agradar e envolvem-se em teias angustiadas de servir sem ensinar ou edificar.*

24. Mensagem do eterno amigo Marcos publicada em outra obra. (N.A.E.) A página "No início do trabalho mediúnico", aqui citada, foi publicada no livro *Cânticos de luz*, 1. ed., São Paulo: Lar Henrique Editora, 1995, ditada pelos Espíritos Ferdinando, Marcos e Raquel, psicografia de Gilvanize Balbino Pereira (N.M.).

Acreditam que a sabedoria chegará com o tempo, porém não dedicam sequer algumas horas para os estudos edificantes que atualizam as criaturas e auxiliam no desenvolvimento da fé e da razão, por intermédio do amor e da instrução.
Reclamam proteção quando, em verdade, sabem que, sem vigilância, mudança de atitude e oração, sucumbirão às agressividades do caminho, que impedem a marcha evolutiva.
É necessário buscar educar a si próprio, reagindo contra as influências inferiores, para que elas não interrompam a ascensão do espírito.
Mantendo-se firmes na fé, amando, servindo, resignando-se e perseverando, sem deixar que os espinhos do mundo os afastem de Deus."

AS OCORRÊNCIAS do plano espiritual refletiram-se na casa noturna. Um curto-circuito na instalação elétrica do estabelecimento provocou um incêndio que destruiu o local. No dia seguinte ao sinistro acontecimento, muitas pessoas detinham-se a contemplar as ruínas, a recordar os atrativos que a casa oferecia, alheios à desilusão e ao sofrimento que causavam aos frequentadores do lugar.

Capítulo 14

Quando a vida continua...

"As palavras de homem são águas profundas,
a fonte da sabedoria é manancial que jorra."

Provérbios, 18:4

DAVI, RESTABELECIDO, retornou ao trabalho no hospital, e organizou-se para dar continuidade às atividades na casa espírita. Ísis, finalmente, depois de receber vários convites para conhecer a casa espírita, concordou em visitá-la, acompanhada da irmã e do cunhado, que a frequentavam assiduamente.

Naquela manhã, o Sol brilhava, ressaltado pelo azul do céu límpido.

Acolhidos carinhosamente pelos trabalhadores da casa, Aidê, Davi e Ísis prepararam-se para participar de uma sessão de psicografia, a escrita dos espíritos. Nessas reuniões, os médiuns, envolvidos pelos benfeitores espirituais, escrevem mensagens endereçadas aos presentes, consolando-os e esclarecendo-os.

Desconfiada, temerosa, Ísis estava apreensiva. Apesar do encanto e da paz que envolvia o ambiente, sentia-se inquieta. Afinal, era a primeira vez que participava de uma reunião espírita.

Discretamente, cumprimentaram os presentes e acomodaram-se no salão.

Irene, já em posição, mantinha-se totalmente concentrada. A reunião iniciou-se com uma prece. Logo em seguida, antes de o orador convidado proferir a palestra, uma jovem prestativa e sorridente leu a seguinte mensagem:[25]

– Esta é a oração de uma mãe, no aniversário de um ano do desencarne do seu filho. É a demonstração da saudade bem sentida diante da separação momentânea. Inconformada e angustiada nos primeiros dias de ausência e transformação individual, e agora conformando-se abnegadamente, continua sua vida, retornando aos afazeres de esposa e mulher.

Aqui estão, leitor, as palavras na íntegra desta moça devotada aos deveres de mãe:

"Ainda lembro com clareza aquela noite que silenciava em meus braços o tom mais amado das minhas esperanças, o filho meu...
Ainda lembro as mãos gélidas e a ausência da vida sobre meu colo, daquele para o qual, o carinho, o amor e a dedicação eram extremados...
Ainda lembro o sorriso do pequeno, as primeiras manifestações de reconhecimento de alegria e de felicidade...
Ainda lembro o último sussurro, e a mão do pequenino escorregando pelo meu rosto...

---

25. Mensagem do eterno amigo Marcos, publicada em outra obra. (N.A.E.) A página "Partir", aqui citada, foi publicada no livro *Cânticos de luz*, 1. ed. São Paulo: Lar Henrique Editora, 1995, ditada pelos Espíritos Ferdinando, Marcos e Raquel, psicografia de Gilvanize Balbino Pereira (N.M.).

Ainda lembro as lágrimas, que desciam incessantes, e aquele grito agoniado, balançando o pequeno junto ao peito como se a minha própria essência de vida fosse transferida para ele...
Ainda lembro a última despedida, o último adeus e a última oração...
Ainda lembro as preces solitárias, inconformadas com a eterna pergunta sem resposta:
– Por quê? Por quê? Por que tirar o meu filho, por quê?
Ainda lembro o anjo bom, que Deus enviou ao meu coração, para consolar-me e fazer com que eu retornasse à vida e às minhas responsabilidades, de ser uma filha de Deus.
Hoje, Senhor, em soluços na Terra, choramos, mas passamos a compreender a trajetória de cada filho Seu. Sua infinita misericórdia permite que a vida desabroche e continue...
Em muitas das nossas vidas, Deus também segurou o nosso coração frio e ausente de amor, de perseverança, de fé e de esperança.
Agora restabelecida e agradecida, afirmo com segurança a lição que aprendi: antes de entregar meu filho para seus braços, por intermédio do túmulo, entreguei em suas mãos o meu coração..."

No invisível, o ambiente era absolutamente protegido. Um perfume suave de flores tomava o recinto. De modo organizado, os desencarnados que haviam sido encaminhados para lá, para deixarem seus relatos, mantinham-se serenos, acatando as ordens dos experientes benfeitores espirituais responsáveis por aquela reunião.

No momento indicado, uma nobre enfermeira conduziu um belo jovenzinho até a mesa. Era Lucas, que, refeito, apresentava uma aparência completamente curada da enfermidade que lhe acometia a mente. Calmamente, e seguindo as instruções do médico espiritual, aproximou-se da médium.

Por meio de ondas magnéticas, a mente deles se conectou.

A médium, apoiada em um benfeitor espiritual, foi estimulada a iniciar o processo da psicografia. Lucas, emocionado, conduziu a mão da médium para a redação da seguinte carta:[26]

"Amada mãezinha Ísis, querida tia Aidê e querido tio Davi.
Espero que quando esta página repousar em suas mãos, estejam bem, fortalecidos e esperançosos.
Para mim, assim como para vocês, o meio que utilizo agora é curioso e até desconhecido, porém muito especial. Agradeço ter escutado os conceitos espíritas que a tia Aidê, de vez em quando, falava perto de mim. Eles me ajudaram a entender um pouco minha nova situação.

---

26. O conteúdo desta carta foi alterado por razões óbvias, visando a preservar a identidade dos envolvidos nesta obra. (N.A.E.)

Perdoem-me não ter vindo antes, mas o Senhor sabe o momento certo para todas as coisas. Aguardei este instante com muita alegria e certa ansiedade.

Tudo aqui é vida e continuamos vivos...

De minha parte, sinto-me melhor. Inexplicável maturidade toma-me a consciência e sei que voltei para cá como o planejado.

Mãezinha, seu amor por mim foi o alicerce para eu vencer meus limites. Todas as mães reconhecem seus filhos tais quais anjos, mas somos filhos de Deus e, assim como vocês, já vivemos muitas vidas, nas quais ainda não pudemos corrigir todas as nossas faltas.

Comigo não seria diferente. Apesar da enfermidade a qual fui acometido, se não fosse sua paciência e perseverança, eu não teria triunfado. Sim, mãezinha, triunfado, pois retornei exatamente como havia programado. Minha passagem por esta vida foi curta aos seus olhos, mas fundamental para a minha transformação.

As vozes se calaram e as lembranças de meu todo retornam lentamente. Encontro-me em paz.

Minha temporária demência nada mais foi do que o fruto de meus atos passados. Atos estes que necessitavam correção e equilíbrio, pois feri a muitos em minhas passagens pela vida terrena. Sei que você me queria nas tribunas mais nobres da História, mas não posso me esquecer de onde vim.

Carregava sobre meus ombros o peso de ter sido um membro dos tribunais inquisitoriais. Naquela oportunidade, não éramos mãe e filho. Era eu um frei que cometeu muitos erros. Entre eles, aquele que feriu sua alma e o seu coração, assim como daqueles que você tanto amou um dia, como o meu pai, Levi...

O nobre amigo que me auxilia a compor estas linhas pediu que não mergulhássemos profundamente no passado, pois o que importa é o que estamos fazendo com nosso presente, pois o ontem não podemos mais modificar, mas o hoje sim...

Então, não se importando com o que lhe fiz, você me aceitou e voltei, para ajustar-me.

Nossa consciência nos cobra a atitude.

As sentenças que eu mesmo submeti a muitos nos cárceres do ontem, sob as sombras da Santa Inquisição, resumiram-se em tantas patologias ditas incuráveis, como os temporários estados de demência, medo e fobias, os quais agora são somente lembranças, pois estou curado de todas elas.

Venho, mãezinha, porque sei o quanto minha ausência toca fundo o seu coração, arrancando sofridas lágrimas e, por vezes, estimulando-a à desistência.

Não carregue culpa em seu coração, acreditando que os conflitos com papai pudessem ser os causadores de minha partida.

Aquele dia, após tantas discórdias, mal recordo do choque do veículo contra mim. Uma forte dor em minha cabeça foi subitamente aliviada e me sentia como se estivesse anestesiado. Recordo-me apenas que fui amparado por um grupo de bondosos médicos e enfermeiras, os quais se encontram ao meu lado agora...

Quando dei por mim, vi meu corpo inerte e minha cabeça ainda doía mais do que o normal. Então, entendi que algo havia acontecido, mas não sabia o quê. Um torpor tomou-me, e fui conduzido para um hospital, onde recebi tanto carinho que não foi difícil me recuperar da fratura craniana e da hemorragia, motivos que me fizeram retornar ao plano espiritual.

Quanto a papai, tenho fé de que, assim como eu, um dia ele encontrará a luz e recuperará a lucidez, pois acredito que, de algum modo, ajudei a endurecer seu coração e sua mente.

Peço, mãezinha eterna, para não cairmos nas armadilhas da vingança. O condutor daquele veículo não deve ser julgado pelas leis severas que poderão conduzi-lo ao cárcere. O nobre senhor é inocente.

Cometi muitos erros, e eles pesam sobre minha consciência. Saiba, mamãe, que, em uma de minhas existências terrenas, este senhor e sua esposa estiveram presentes, na condição de meus pais.

Então, me ajude não marcar meu espírito com mais uma injustiça. Compreendo sua dor, mas perdoe, para que não marquemos nosso coração com a mancha de um novo ciclo de perseguições.

Somente o Senhor pode julgar nossos erros, então saiba: ninguém foi culpado pela minha partida, tudo acontece em nossa vida no momento certo, na hora de Deus.

De você, só posso recordar de um coração bom e justo. Sei que ao lado da tia Aidê tomarão a melhor decisão.
Vocês sempre estiveram unidas e em harmonia.
Não desanime nunca, muitos precisam de você. Preencha com o trabalho o vazio que deixei, e estude mais sobre os conceitos da vida após a morte, com a ajuda da tia Aidê, e também sobre a bondade de Deus. Ele é a razão de nossa existência...
Diga a tia Aidê e ao tio Davi que agradeço as preces e vibrações, elas são para mim regenerativas, e me ajudam a vencer a saudade de vocês. Mas temos que continuar.
Mãezinha, continue me ajudando, melhore-se. Sei que é uma tarefa difícil, mas não é impossível.
Lembre-se de que sempre vivo em seu coração, ao lado de sua fé, porque Jesus sempre nos dá uma oportunidade para recomeçarmos...
Diga ao vovô Joshua que agradeço a paciência que teve comigo e também que compreendo suas dificuldades em seu lar, mas ele sempre será para mim um homem digno e honrado.
De seu sempre filho, agradecido e reconhecido amigo, Lucas."

Ao final da reunião, a mensagem foi lida.

Ísis, Aidê e Davi não continham a emoção. Envolvidos pela vibração de paz e harmonia irradiada pelos benfeitores espirituais, os corações presentes sentiram-se tocados por aquelas palavras.

Enquanto o salão se esvaziava lentamente, aqueles três filhos de Deus buscavam forças para se levantar. Refazendo-se das fortes emoções, nos instantes seguintes, aproximaram-se de Irene. Ísis, espontaneamente, abraçou-a com ternura:

– Não encontro palavras para agradecer. Compreendeu a dor que eu sinto, me tratou com muito carinho e compaixão.

– Minha querida, não existe maior dor do que perder um filho. O tempo e as cartas, como esta que recebeu, amenizam o sofrimento, mas o estudo, o trabalho e a oração são os companheiros que fazem com que as mães e os pais vejam o quanto podem continuar, pois a vida sempre oferecerá outros filhos que necessitam de cuidados e atenção. Creia, Deus jamais abandonaria alguém em sofrimento.

Emocionada, Ísis entregou-se às lágrimas. Refeita da emoção, disse:

– Sempre respeitei a crença de minha irmã e do meu cunhado. Mas, confesso a você, não acreditava no Espiritismo, em pessoas que diziam comunicar-se com espíritos. Depois de ouvir tantas histórias sobre supostos religiosos que se aproveitaram de pessoas desequilibradas pelo sofrimento, duvidava de tudo e de todos. Hoje, eu sei que, em relação ao Espiritismo, estava completamente errada. Perdoe-me pelo julgamento equivocado.

– Não a culpo por nos ter julgado mal, Ísis. O importante é que você entendeu que o Espiritismo, por intermédio da fé raciocinada, nos encaminha para o rumo certo, nos guia na direção de Jesus – disse Irene. – É um dever termos uma fé racional, que se apoia em fatos e não permite que a obscuridade preencha nossa mente. Nenhuma religião pode pretender deter a exclusividade sobre a verdade, pois aí está a nascente do fanatismo. A verdade pertence somente a Deus.

– Irene, como você convive com pessoas que sequer conhecem o Espiritismo e fazem tão pouco caso de médiuns dedicados como você?

– Mesmo sofrendo duras críticas, não desisto do trabalho e da oração, porque são os alicerces que me fortalecem. O perseguidor é um espírito filho de Deus, que ainda desconhece o próprio coração. Envereda-se pelas estradas da vingança e do ódio, perdendo-se em meio aos seus pensamentos, criando para si um manancial de desordens que, no futuro, se traduzirão em doenças no físico e na alma.

O que nos difere deles é que enxergamos a vida com olhos diferentes. Somos empreendedores de nós mesmos, investindo dia após dia em nossa iluminação espiritual. Por que deveríamos sofrer com as opiniões alheias? Todos possuem o direito de sentir, pensar, agir ou dizer o que querem, por isso o Senhor nos deu um presente chamado livre-arbítrio, para escolhermos tanto o bem quanto o mal.

– Perdoe-me, mas viver a mediunidade deve ser algo muito complexo e sofrido.

– Mediunidade requer um espírito de renúncia, luta para o bem e estudo. É um aprendizado constante e um meio para conhecermos a nós mesmos. O caminho é longo e não podemos parar. O médium que desiste de trabalhar em favor do próximo, incapaz de entender o quanto ele mesmo é auxiliado espiritualmente quando se coloca na condição de instrumento dos benfeitores espirituais, precisa buscar, na oração e na companhia fraterna de outros desta seara, forças e determinação para prosseguir. Quando temos fé, nossas incertezas são afugentadas de nosso coração. Devemos ir adiante, confiantes, e acreditando que nunca vamos sozinhos.

– De agora em diante, quero conhecer melhor o Espiritismo, me aprofundar em seu estudo. Agradeço a Deus a ajuda que recebi, que salvou minha vida e me conduziu até esta casa abençoada.

Entre demonstrações de afeto, despediram-se, e entregaram nas mãos do Senhor seus sonhos e sua vida.

DOIS DIAS se passaram.

Naquela manhã, Ísis despertou mais radiante. Aidê, com carinho, disse-lhe:

– Vejo que a visita à casa espírita lhe fez muito bem, querida irmã. Sua aparência revela que está mais feliz, cheia de vida.

– Sim, estou. Apesar de sentir-me envergonhada e até arrependida de não ter ido antes até lá e, principalmente, de ter em silêncio julgado Irene. Meu orgulho e minha resistência tardaram minha ida, mas agora sei que Jesus não me abandonou.

– Vejo que está pronta para sair. Para onde vai?

– Tenho uma missão muito importante. Procurarei o advogado que conduz o caso de acusação do senhor Almeida, o condutor do carro que atropelou Lucas. Pedirei para retirar a queixa.

– Minha irmã, acredite, estou feliz com sua decisão. Certa feita, fui até a empresa de Levi e deparei com ele saindo da sala de seu ex-esposo, visivelmente perturbado. Enquanto aguardava, conversei com ele, e então pude perceber o quanto era um homem digno. Relatou-me a sua versão da história e que não havia feito nada propositalmente. Disse-me que Levi levaria o caso até as últimas consequências, e queria vê-lo destruído. O pobre estava arrasado. Sua atitude espelha exatamente o pedido de Lucas, pois vingança não trará nosso menino de volta ao nosso convívio.

– Devemos aprender a olhar ao nosso redor. Assim, veremos que a dor não é propriedade somente nossa. A mensagem de meu filho clareou meus pensamentos e meus sentimentos, fazendo-me ver a vida como realmente ela é, e não como quero que seja.

– De fato, quando saímos de nós um pouco e da energia que criamos ao nosso redor e dos problemas, conseguimos ter a visão do futuro e sentimos a bênção de Deus.

Sem mais demora, Ísis saiu para cumprir o que sua consciência ordenava, perdoar, como lhe havia sido solicitado.

Capítulo 15

Quando a verdade e o amor se unem...

"O ímpio arruína o próximo com a boca,
os justos se salvam pelo conhecimento."

PROVÉRBIOS, 11:9

UM MÊS DEPOIS, no hospital, a madrugada estava agitada. Vários pacientes foram internados, apresentando sintomas de diversas doenças.

Macas atravessavam rapidamente os corredores, disputando espaço com os acompanhantes dos enfermos, enquanto profissionais corriam em busca de medicações, levando fichas dos pacientes ou prestando informações diversas aos familiares presentes.

Nesse ambiente, uma enfermeira aproximou-se de um médico de plantão e disse:

– Doutor, precisamos de sua ajuda com urgência. Uma jovem está muito mal na emergência. Já fizemos tudo o que podíamos, mas o senhor tem que diagnosticá-la para fazer o encaminhamento adequado.

– Quando puder, irei vê-la. Atendo um de cada vez, não faço milagres.

– Mas, doutor, o caso é visivelmente muito grave.

– Já disse que irei atendê-la. Coloque-se em meu lugar, sabe quantas pessoas já atendi, há quantas horas estou acordado?

A enfermeira, mesmo contrariada, não ousou discutir e retirou-se.

No plano espiritual, Cimério continuava determinado a praticar o mal. Seu alvo, agora, era o médico de plantão no agitado hospital. Ardiloso, estudou a índole do clínico, percebeu o quanto estava esgotado pelo trabalho em excesso, ao qual se entregava em busca de recursos financeiros, para sustentar extravagâncias. Percebeu que era vulnerável às suas sugestões, e valeu-se dessa influência para realizar seus intentos criminosos. Com facilidade, aquele filho das sombras o conduziu à sala onde a jovem estava, e ligou-se a sua mente.

Em seguida, outra enfermeira aproximou-se e, percebendo o estado de cansaço do médico, disse:

– Senhor, acho melhor passar o caso para outro médico. Assim, não ficará sobrecarregado.

– Não, pode deixar. Eu a atenderei. Qual é o nome dela? De que está se queixando?

– Chama-se Cleo, e entrou há mais ou menos duas horas, acompanhada por uma senhora chamada dona Guilhermina. Queixa-se de náuseas, vômitos, dores de cabeça e no abdômen, além de febre.

Após examiná-la superficialmente, diagnosticou:

– É uma simples apendicite. Prepare-a para a cirurgia.

– Mais alguma recomendação?

Inspirada por Saul, o médico espiritual, disse:

– Não seria prudente fazer mais exames, pelo menos um teste, para verificarmos alguma reação alérgica.

– Porventura a senhora é médica? Deixe de minúcias desnecessárias. Trata-se de um caso muito simples, não vamos perder tempo com exames desnecessários. Está decidido, preparem-na para a cirurgia.

A enfermeira, percebendo-lhe a arrogância, disse, com desprezo:

– Não sou médica, mas amo o que faço, e acredito em Deus porque é Ele que nos dá força e coragem para suportarmos tão difícil plantão.

– Minha cara – disse o médico, com ironia –, não há Deus algum aqui. Se existe algum, sou eu. Faça imediatamente o que mandei.

Sem mais nada a dizer, mesmo contrariada e não aceitando a decisão, ela retirou-se, a fim de executar as ordens prematuras.

APÓS O RECOLHIMENTO de Abadom, Levi havia buscado ajuda com Cimério, de quem recebeu apoio para fortalecer-se com extrema rapidez.

Enquanto as atividades no hospital continuavam agitadas, no invisível, Levi, acompanhado de um sombrio grupo de espíritos, observava a ação de Cimério sobre o médico. Cimério influenciava negativamente o médico que assistia Cleo, com a intenção de prejudicá-la. A índole do clínico, que o levava a ações desviadas do bem, facultava ao espírito maligno o acesso à sua mente. Em completa sintonia com a maldosa entidade, o médico optou por diagnóstico e procedimentos errados, prejudicando a paciente. Incapaz de reagir, só restava a Cleo padecer terrível sofrimento, despertando naqueles que a observavam compaixão e misericórdia.

DAVI, NO HOSPITAL, conversava com um colega que se casaria no dia seguinte, atendendo seu pedido para cobrir seu plantão na Unidade de Terapia Intensiva. Agradecido, o médico relatava os casos que o aguardavam:

– Meu amigo, sou muito grato por sua ajuda. Veja este caso – o médico referia-se a Cleo, internada na UTI – O estado dela é muito grave. Veio para o hospital por causa de uma apendicite. Infelizmente, durante a cirurgia, ocorreu uma complicação. Debilitada, ela reagiu mal à anestesia. Para complicar, o doutor Carlos, que a atendeu no pronto atendimento, ministrou medicamento ao qual ela é alérgica. A reação foi a pior possível. Acredito que não deve aguentar, não vai sobreviver por muito tempo. Nossos recursos são limitados, só nos resta aguardar. – Suspirando, continuou: – Já apresenta um derrame pleural e está em coma. Nada podemos fazer por ela. Mantém-se viva por meio de aparelhos. Ouso dizer que em breve ela não suportará esta situação.

– Os familiares foram avisados?

– Que eu saiba não há familiares, somente uma amiga a visita.

Algum tempo depois, após o plantão, os médicos se despediram, amistosamente.

Davi dirigiu-se a uma sala, próxima de onde se encontravam, com a intenção de completar os relatórios, resultantes de sua visita aos pacientes. Enquanto anotava as informações, alguém bateu à porta. Pediu que entrasse e observou que se tratava de uma senhora de aparência modesta, que se dirigiu a ele com muita humildade:

– Doutor, peço licença, mas preciso falar com você urgentemente. Se não fosse importante, não o incomodaria. Por Deus, rogo sua atenção.

Davi assustou-se e, mesmo achando aquela atitude estranha, atendeu-a. Ela imediatamente disse:

– Chamo-me Guilhermina. Sou amiga de uma paciente que está aqui, na UTI. Sei de seu estado de saúde, mas vim pedir ajuda. Estou desesperada, por isso estou aqui. – Ofegante, prosseguiu: – O nome dela é Cleo, trabalhava em uma empresa e apaixonou-se por um executivo. Com ele teve uma filhinha, e não tem ninguém aqui, tampouco família, somente um irmão, que vive em grande pobreza, assim como eu.

Ela sofreu muito, pois o pai da criança não a assumiu. A depressão tomou-lhe a alma, e, nos últimos dias, ela estava muito preocupada com o futuro da filha, porque sabia que não teria ajuda de ninguém. Então, me deixou este envelope e firmou oficialmente um documento sobre a tutela da menina. Veja!

Davi, reticente, pegou o envelope da mão da senhora, retirou a referida carta e o documento e leu:

"Ísis, inicio esta carta de uma maneira que não poderia ser diferente, lhe pedindo perdão, pois pesa-me a consciência sobre meus atos, porque sei o que lhe fiz.

Como é difícil assumirmos nossos erros, mas não confiro a eles minha filha.

Minha história é muito particular, e não ousarei pedir que me perdoe.

Amei Levi com toda minha força e emoção, até perder a razão. Foi isso que não me permitiu ver o óbvio e, também, o quanto a fiz sofrer.

Ele me apresentou a um mundo de riquezas que jamais poderia ter e ao luxo que jamais conheceria se não fosse com ele.

Então, aconteceu, eu estava sozinha esperando uma criança. Ele insistiu que eu praticasse um aborto, mas não fiz. Confesso que até cheguei a pensar nisso, mas a vontade de ser mãe foi maior, e algo que não sei explicar também me impediu o gesto.

Em razão de minha persistência, ele me demitiu. Escolhi abrir mão de todos os meus direitos, para assim poder ter o meu bebê. Passei por muitas dificuldades, quase perdi espontaneamente minha filha, em virtude muitos problemas de saúde que me acompanham até hoje.

A vida naturalmente cobra-nos a retomada de rota quando desviamos de nosso caminho.

A mancha da culpa e do remorso são meus companheiros.

Acreditei que ele não faria comigo o que fez com você.

Venho até você, por meio desta, porque acredito que escutará a suplica de uma mãe como um dia você também foi.

Não imagina o quanto é difícil lhe pedir isto, mas rogo ao seu coração bondoso: se algo acontecer comigo, cuide de

minha filhinha, pois sei que não demorará para amá-la, ela é uma dádiva que recebi dos Céus.
Providenciei um documento devidamente reconhecido nos meios legais, em que passo a tutela de Lúcia para você. Peço-lhe isso porque acompanhei a sua dedicação a seu filho e sabia o quanto era uma mãe perfeita.
Acredite, mesmo com o coração em chamas, aceitarei sua escolha caso ela seja negativa. Se, porventura, não estiver preparada para atender minha súplica, peço-lhe que direcione minha pequena a um abrigo honrado, onde possa pelo menos encontrar um novo lar... E que Deus tenha compaixão de minha menininha.
Despeço-me acreditando que ficará em paz e compreenderá minha triste história.
Cleo"

Davi empalideceu e emudeceu. Suas pernas não respondiam ao comando. Dona Guilhermina, sem perceber, disse:

– Doutor, soube que o caso de minha amiga é irreversível, conforme os diagnósticos que os médicos me passaram. Estou desesperada, porque não tenho condição de ficar com a criança e não sei o que fazer. Acolhi Cleo porque também trabalhei na mesma empresa que ela e lá a conheci. Aposentei-me como copeira e sempre que podia eu a aconselhava a não levar aquele relacionamento adiante, mas ela estava completamente envolvida e até enlouquecida por Levi.

Tive compaixão do caso dela e não a deixaria desamparada, abandonada e sem um trabalho, esperando uma criança. Então, a acolhi em minha casa, ajudei-a o quanto podia, até com o parto, mas agora não tenho como. – Desesperada, continuou: – Perdoe-me pedir isso, mas vim até aqui e estava decidida que buscaria a ajuda do primeiro médico que encontrasse. Não tenho sequer instrução suficiente para entender tudo o que está neste envelope. Por favor, oriente-me: o que fazer?

Davi, refazendo-se, disse-lhe:

– Dona Guilhermina, tenhamos calma, encontraremos um meio. Confie em mim. Peço que me deixe a carta e amanhã me procure, pois conversarei com algumas pessoas sobre o assunto, visando a buscar um aconselhamento legal.

Ela assim o fez. Deixando os papéis, retirou-se agradecida.

AS HORAS DAQUELE plantão pareciam intermináveis.

Davi imediatamente passou no consultório de Olavo, onde relatou brevemente os fatos. Sem perda de tempo, encaminharam-se ao encontro de Aidê. Certificando-se de que não havia mais pacientes a serem atendidos, entraram, cumprimentaram-na, nervosos, e logo Davi disse:

– Minha querida, quero que veja isto.

Ela leu por várias vezes a carta e o documento. Uma mescla de desespero e incertezas tomou-lhe o coração:

– Por Deus! O que faremos? Ísis ficará arrasada, e não sei qual será sua reação. Ela ainda não está tão bem. Em pouco tempo, o mundo de minha irmã parece desabar. Oh, Deus, quando tudo isso terminará? Primeiro, a morte de Lucas; em seguida, a de Levi; a perda da casa, e agora isto. Será muito para ela. E se não mostrássemos para ela?

Olavo, pensativo, interveio:

– Não acho recomendável. Ela se sentirá traída por quem mais ama. Além do mais, a verdade é sempre soberana, uma hora ou outra ela descobrirá. Deixe-a conhecer o fato, tomar a própria decisão e saber que estaremos ao seu lado para apoiá-la.

– Lembro-me do ensinamento de Jesus "conhecereis a verdade, e a verdade vos libertará."[27] – disse Davi, – Portanto, concordo com meu amigo. Colocando-me em seu lugar prefiro uma verdade que doa a uma mentira que, temporariamente, conforta, mas quando passa deixa somente o pó da destruição e a sombra de uma noite sem fim. Somos senhores de nós mesmos, portanto, não devemos temer os problemas que atravessam nosso caminho. Roguemos ao Senhor o amparo celestial para colocarmos o assunto da melhor maneira possível.

Decidiram relatar os fatos a Ísis. Davi, ao final do desgastante plantão, com sua esposa, seguiu, com o coração preocupado, mas levando consigo a força da fé, acreditando que tudo ficaria bem.

---

27. João, 8:32. (N.A.E.)

AO CHEGAREM, Ísis não escondeu a felicidade em vê-los. Davi, com cautela, disse:

– No meu plantão, fui procurado por uma senhora a qual desconhecia, e ela me entregou este envelope.

– Minha irmã, antes de pedir que leia o seu conteúdo, queremos que saiba que estamos ao seu lado.

Sorrindo, sem desconfiar do que se tratava, abriu e leu. Sem conseguir dizer uma só palavra, as sucessivas lágrimas marcavam sua face. Francisca, carinhosamente, trouxe água, tentando amenizar-lhe a dor. Aidê conduziu-a, para que Ísis pudesse se recompor no próprio quarto.

Uma hora depois, Ísis saiu de seu quarto com o rosto inchado, segurando sua bolsa:

– Preciso sair um pouco, para respirar.

– Eu irei com você – disse Aidê.

– Não, preciso ficar um pouco sozinha, para pensar. Logo estarei de volta.

Mesmo preocupados, não ousaram contradizê-la.

TEMPOS DEPOIS, Ísis foi até a casa espírita em busca de orientação. Irene, carinhosamente, recebeu-a e escutou-lhe pacientemente o relato das últimas ocorrências. Ísis disse:

– Diga-me, como poderei perdoar a traição? Como amar a filha de Levi que nasceu fruto de um adultério?

Após breve silêncio, buscando inspiração superior, Irene respondeu:

– Ninguém poderá interferir em suas escolhas e o tempo é sempre um grande amigo para quem conhece a sabedoria de esperar de maneira produtiva e consciente. Não podemos mudar o passado, mas podemos modificar o presente, que refletirá em um futuro melhor desde que tenhamos novas atitudes diante de nossa vida. Jesus nos ensinou o caminho, no entanto, alteramos o rumo de acordo com as nossas inclinações tanto para o bem como para o mal. Sigamos agradecendo as dificuldades, porque elas são a força que nos impulsiona para a frente. Esperamos da vida e das pessoas aquilo que elas ainda não podem nos oferecer, nem por isso devemos odiá-las.

Sob o mesmo teto, encontramos aqueles que, por atos cometidos em outras existências, são cobrados por seus familiares, a quem prejudicaram no passado. O comprometimento é a vibração que os reúne no presente, oportunidade abençoada para a prática redentora do perdão. Nossa missão é orar por eles, para que encontrem a claridade em suas escolhas e não se desvirtuem dos caminhos e dos corações amados escolhidos para concluir suas tarefas nesta existência.

Respeito sua dor e sua indignação, e não tiro sua razão; afinal, a traição é uma marca difícil de esquecer, pois é a representação da inferioridade humana. Todavia, lembremos do auxílio que recebemos dos céus e não julguemos aqueles que, diante das próprias fraquezas, caíram nas sombras de seus sentimentos, porque um dia retornarão ao ninho de luz.

– Oh, Deus! Por que isso aconteceu comigo? – disse, entre comoventes lágrimas.

– O Senhor sabe que suportaria uma tarefa tão especial: sua vida. Por isso, Ele a escolheu e confia em você; portanto, não fraqueje diante da prova, pense em Jesus e não se aflija ou chore mais. Diante do sofrimento, estamos sob o amparo de Deus, e nada pode nos destruir.

– Onde errei? O que deixei de fazer? Serei eu a culpada por toda esta situação?

– Não somos perfeitos e, quando nos conscientizamos que podemos cometer faltas, não importa o tamanho, pacificamos nosso coração e paramos de lamentar sem proveito. E, então, iniciamos a mudança de nossas ações e de nossa vibração mental. Não caia no vale das sombras da culpa. Não se revolte, pois enganos são transitórios. Se alguém errou conosco, também já erramos com alguém. Então, compadeça-se dos males que recebeu, pois somos espíritos em fase de reajuste e transformação. Supere as inquietações, os medos e continue honrando suas obrigações com Jesus. Você vencerá, porque Ele jamais se esquece de alguém.

– Eu mal posso me sustentar. Meu trabalho está apenas começando e não sei o que farei. Por Deus, meu coração e minha mente estão perturbados. Um turbilhão de pensamentos tomam minha alma. Não sei o que fazer!

– Como disse um dia o Apóstolo Paulo: "Irmãos, não julgo que eu mesmo o tenha alcançado, mas uma coisa faço; esquecendo-me do que fica para trás e avançando para o que está diante, prossigo para o alvo, para o prêmio da vocação do Alto, que vem de Deus, em Cristo Jesus."[28]

Siga e transforme esses sentimentos de raiva e indignação em energias de amor e bondade. Todo sacrifício é recompensado pelo Senhor. Deus não age por acaso. Esta criança pode ser um presente que o Senhor lhe enviou como recompensa pelo seu esforço. Dê uma chance à pequenina Lúcia, conheça-a, depois tome sua decisão. Lembre-se, Deus proverá. Creia, Ele sempre proverá.

28. Filipenses, 3:13-14 (N.A.E.)

Capítulo 16

Quando as Trevas tentam dominar a Luz, o Senhor pacientemente espera...

"Há caminhos que parecem retos,
mas afinal são caminhos para a morte."

PROVÉRBIOS, 16:25

NO DIA SEGUINTE, Davi acompanhava de perto o caso de Cleo, mas, naquela manhã, ao chegar ao hospital, o plantonista disse:

– O caso desta paciente é gravíssimo. Tudo indica que parte do seu cérebro foi afetada, e, para complicar seu estado, sofreu, nesta noite, uma hemorragia intracraniana. Dificilmente viverá mais do que um dia.

De fato, o jovem médico estava certo. Enquanto Davi inteirava-se das ações noturnas, no invisível, a situação de Cleo também merecia atenção.

No plano espiritual, Levi, em estado lastimável, aguardava a desencarnação de Cleo. Apoiado por Cimério, o obsessor, pretendia apoderar-se dela.

As equipes espirituais mantinham-se em prontidão, mas ela ainda estava subjugada à mente daquele o qual tanto amara no passado.

Enquanto os aparelhos anunciavam a morte do seu corpo, valendo-se dos recursos ao seu alcance, os médicos tentavam restituir-lhe a vida. Cleo, aos poucos, se desligava do corpo físico.

Apesar do estado deplorável em que se encontrava, completamente desequilibrado, Levi ainda detinha seu poder de influência, que, por anos, manteve Cleo sob o seu domínio. Ansioso, dirigiu-se a ela:

– *Meu amor, não a abandonei. Veja, estou aqui para, enfim, ficarmos juntos. Agora, viveremos nosso amor eterno. Veja, não tenha medo, venha comigo, cuidarei de você e a encaminharei a um hospital que poderá ajudá-la. Eu lhe apresentarei um mundo novo.*

Saul, o médico espiritual, irradiava intensa luz sobre o casal, com a intenção de conduzi-los a um posto de socorro, onde seriam auxiliados. Movido pelo livre-arbítrio, o casal afastou-se do benfeitor, recusando o abençoado auxílio.

– *Vamos, não temos muito tempo, precisamos sair daqui o mais breve possível. Venha, não escute a mais ninguém. Tenho um amigo que poderá ajudá-la a não se lembrar de mais ninguém que você deixou aí no chão. Agora, não são mais importantes para sua vida, para sua nova vida. Aqui, terá tudo que não teve na Terra. Vamos...*

Ela, completamente envolvida, como outrora, pelas juras infundadas de amor de Levi, disse:

– *Enfim ficaremos juntos, irei contigo para onde quiser...*

Cimério jorrava sobre Cleo uma luz castanha, hipnotizando-a e fazendo-a entrar em intenso torpor. Rapidamente, retiraram-se. O médico Saul, em silêncio, refletia sobre o caso com extrema compaixão, quando a benfeitora Amanda, que o auxiliava com carinho, disse:

– Meu grande amigo, seu esforço não foi em vão. Um dia, eles estarão prontos para aceitar a luz. Continue, portanto, a iluminar o caminho daqueles que a Divina Providência colocar em seu caminho. Seja uma luz que nunca irá se apagar. Infelizmente, Levi ainda está perdido no egoísmo e nas lembranças de uma vida de facilidades que o iludiram e o levaram à dor e às tempestades da alma. Deus permite que existam lugares como este para que seus filhos, desgarrados do amor divino, sintam, por si mesmos, a necessidade de se reformar, arrependidos dos erros que cometeram e, tocados por sua compaixão, encaminhem-se para a luz. Não lhes faltará abençoados benfeitores, que virão resgatá-los para o bem.

Assim como na Terra nos juntamos àqueles com os quais nos afinamos, procedemos da mesma forma após a morte do corpo. Os viajantes do tempo caminham, muitas vezes, conduzidos pelas próprias leis, e não estão convictos de que a vida prossegue. Envolvidos pelo sarcasmo, perdidos em crenças contraditórias, atraídos pelo vício e castigados por cobranças, esses nossos irmãos seguem por uma trilha sombria, com a intenção de fugir de si mesmos.

Nunca nos julguemos vencidos pelo mal. Guardemos, com serenidade, a consciência do dever cumprido, na certeza de que, ao longo do tempo, o amor vencerá, e estaremos prontos para ajudá-los a iniciar uma nova caminhada. Infinitas serão as oportunidades de elevação para aqueles que, em consequência dos seus atos maldosos, caíram em sofrimento. Quando se arrependerem do mal que cometeram, as portas de um mundo melhor se abrirão e permitirão sua ascensão. Por agora, continuemos a servir, a aguardar o momento oportuno para levar, aos corações aflitos, a consolação e a esperança. Agora, basta continuarmos servindo e aguardando o momento em que tudo será luz, porque o Senhor continuará esperando pacientemente a transformação de seus filhos.

Envolvidos em intensa luz azulada, os benfeitores recolheram-se no silêncio da oração.

NESSE MOMENTO, Davi e Aidê auxiliaram no que podiam dona Guilhermina, em relação aos preparativos para o sepultamento.

A simplicidade do sepultamento de Cleo contrastava com as ilusões de riqueza às quais se apegava quando encarnada.

Capítulo 17

Quando os corações se encontram...

"É melhor um pedaço de pão seco e a tranquilidade que uma casa cheia de sacrifícios e de discórdia."

PROVÉRBIOS, 17:1

NO DIA SEGUINTE, Ísis pediu à irmã que a levasse até a criança. Davi, feliz, colocou-se à disposição para conduzi-las. Aidê, com carinho, disse:

– Preocupo-me com você. Está certa disso?

– Sim, tenho pensado muito sobre o assunto. Decidi conhecer Lúcia.

– O que a fez tomar essa decisão?

– Fui à casa espírita e lá encontrei reconforto. Quando li aquela carta, senti uma lâmina atravessar meu coração. A raiva aportou em meu coração e por instantes odiei Levi e Cleo. Eu ainda tinha esperança de que ela se recuperasse e voltasse a cuidar de sua filha, mas após sua morte a realidade nos chama. Ao conversar com Irene, as sombras que insistiam em adentrar minha alma foram dissipadas. – Pensativa, continuou: – Sinto que cometerei um grande erro ignorando esse fato. Deus tem sido muito misericordioso comigo e tenho certeza de que está agindo sobre minha vida.

– Está segura disso? Assumiria uma filha de Levi?

– Sim, estou certa disso. Adotarei a criança.

– Saiba que, independente de sua decisão, estarei pronta para ajudá-la – concluiu Aidê, secando uma lágrima tímida.

Sem demora, partiram, esperançosas.

DONA GUILHERMINA morava na periferia da cidade, num bairro carente e bem afastado.

Uma hora depois, estavam diante da casa de dona Guilhermina, modesta habitação, onde foram recebidas com muito respeito e carinho. Após as apresentações, entraram. Ela, ao ver Davi, disse:

– Que alegria! Perdoe-me, achei que o senhor havia me esquecido. Agora vejo que Deus não nos abandona.

– Gostaríamos de conhecer Lúcia.

Em meio à visível pobreza, a pequenina estava brincando com mais quatro crianças, netas de dona Guilhermina. Ísis caminhou lentamente em sua direção, abaixou-se e segurou-a em seus braços.

Naquele momento, a emoção invadia o coração dos presentes. Como se conhecesse há muito tempo quem vinha buscá-la, a pequenina carinhosamente aconchegou-se no colo de Ísis, recostando a cabeça em seu ombro.

Esta, comovida pelo gesto inocente, foi cativada pela demonstração tão singela de carinho. Chorando, abraçou demoradamente dona Guilhermina e disse:

– Senhora, eu sou a mulher citada na carta de Cleo.

– Por Deus! É a esposa do meu ex-patrão, o senhor Levi! Ouvi muitas histórias a seu respeito, inclusive de seu filho. Eu sinto muito por tudo o que passou.

– Quem são essas crianças? – perguntou Davi.

– Veja a situação em que vivemos – respondeu dona Guilhermina, com humildade. – Aposentei-me achando que teria um pouco de paz, mas minha filha conheceu um homem e foi embora com ele, abandonando seus filhos sob os meus cuidados. Quando Cleo estava aqui, me ajudava. Apeguei-me a Lúcia, e, apesar de amar a menina e querer ficar com ela, não tenho recursos para sustentá-la.

– Sabem o quanto sou grata por tudo o que fizeram por mim, como também sei que será muito o que pedirei, mas me ajudem, não posso deixar Lúcia aqui – disse Ísis à irmã e ao cunhado. – Não me importo com a história que cerca a pequenina, mas se Deus a colocou em meu caminho, serei a mãe que ela tanto necessitará. Prometo que não me ausentarei do trabalho e farei todo o possível para mantê-la.

– Se você não tomasse esta decisão, eu tomaria – disse Davi. – Estive seriamente pensando em adotá-la. Nós a apoiaremos e ficaremos felizes em dividir nossa vida com esta criança.

– Sim – disse Aidê –, nós a ajudaremos. Afinal, Lucas, indiretamente, foi para mim um filho, e agora Lúcia assim será. Tudo se ajustará, pois confio em Deus e em seus emissários do bem, que sempre estão ao nosso lado, nos guiando para o melhor.

Ísis não escondia sua felicidade. Dirigiu-se a dona Guilhermina, e anunciou, sorridente, sua decisão:

– Cumprirei a vontade de Cleo e adotarei Lúcia. Se não se importa, eu gostaria de levá-la hoje mesmo.

– Se eu estivesse em outra condição, ficaria com ela. Peço que me deixem visitá-la de vez em quando.

– Sim, quando quiser poderá vê-la – disse Ísis, com os olhos umedecidos.

– Cleo sempre me dizia que a senhora era uma boa pessoa, e ela estava certa. Agora entendo porque ela se preocupou em escrever a carta e redigir aquele documento. Sempre que possível ela se referia à senhora com muito pesar, pois sabia o quanto o senhor Levi a fazia sofrer. Saiba que ela carregava profundo remorso pelo que lhe fez, por ter sido a causa de traição e um dos motivos de seu sofrimento. Acho que isso contribuiu para agravar sua doença e deprimi-la.

Após breve pausa, disse:

– Coração é algo muito complexo, veja o exemplo de minha filha, era uma boa mãe até apaixonar-se por aquele homem. O mesmo ocorreu com Cleo. Ela não imaginou o quanto a vida cobraria o romance a que se entregou com seu marido e o sofrimento que um dia lhe causaria.

Ísis não tirava Lúcia de seu colo, mas aproximou-se de dona Guilhermina, agradeceu-lhe e beijou-lhe a testa.

– Devemos ir – disse Aidê. – Vamos arrumar os pertences da pequena.

As poucas roupas e brinquedos foram embalados em uma sacola.

Diante daquele cenário de pobreza, Davi, como era característico de sua personalidade, despojado de qualquer preconceito, abraçou dona Guilhermina e, com discrição, deixou-lhe algum dinheiro, para auxiliar na compra de alimentos para as demais crianças.

Em breves despedidas, partiram.

TRÊS MESES haviam passado.

Lúcia havia trazido alegria e coragem para aqueles corações.

Ísis continuava seu tratamento com Olavo e trabalhava duramente para fazer com que seu negócio prosperasse. Com fervor, prosseguia no estudo do Espiritismo, e, a cada dia, maior era sua afeição pela casa espírita que frequentava, na companhia da irmã e do cunhado.

Naquela manhã, em sua residência, ao lado da pequena Lúcia, que brincava ao seu lado enquanto planejava uma festa infantil, Francisca atendeu um chamado. Era uma visita. Assustada, foi imediatamente até Ísis dizer quem era:

– Não imagina quem está aqui aguardando autorização para entrar.

– Ora, diga-me logo! Pela sua feição de assombro até parece que estamos recebendo um fantasma.

– É Joshua, pai de Levi. Estou preocupada com esta inesperada visita. Se quiser, posso dizer que não está.

Ísis não escondeu o espanto. Pensando rapidamente, disse:

– Não, é melhor enfrentarmos os fatos de nossa vida sem temer, mesmo que eles nos assustem. Mande-o entrar. Espero somente que tenha vindo em paz.

Minutos depois, adentrou, e, ao ver Ísis, disse Joshua:

– Estou feliz em vê-la bem. Sei que deve estar surpresa com minha visita; afinal, desde os últimos episódios de nossa família me afastei de você, pois não queria conflitos com Eva.

– De fato, confesso que sua visita é uma surpresa.

– Não vim para trazer mais sofrimento, mas para pedir ajuda. Há dias, deparei com uma notícia muito especial. Isaque chegou à empresa, ébrio. Havia discutido com Sônia. Ele entrou em minha sala completamente atormentado. Entre muitas coisas, disse-me que Levi havia tido um filho fora do casamento, com uma ex-funcionária. Num primeiro momento, eu não quis acreditar. No dia seguinte, quando ele estava sóbrio, tive uma séria conversa com ele e soube que era verdade. Não me pergunte sobre os meios que utilizei, mas tentei encontrar a mãe da criança, e soube que ela morreu. Soube também que nasceu uma menininha, e que ela havia ficado com você. Diga-me, é verdade?

O desespero de Ísis era visível. Com a voz trêmula, respondeu:

– Sim, é verdade. Ela se chama Lúcia. – Chorando, continuou: – Rogo, por misericórdia, não a tire de mim.

– Acalme-se, não vim aqui para isso. Saber que ela está com você me tranquiliza. Sempre foi uma mãe em que não podemos apontar desvios. Lucas foi o exemplo disso.

Sempre procurei ficar alheio às maldades de Eva e aos conflitos de minha família. Não me perdoo por ter sido tão omisso diante de tantos atos tão indignos. Sofro em silêncio minhas perdas: meu filho e neto. Agora que sei da existência desta criança, meu coração de pai e avô se conforta, porque eles continuam vivos por meio de Lúcia.

Ísis pediu que Francisca a trouxesse. Quando chegou, os grandes olhos castanhos brilhavam. Joshua, ao vê-la, segurou-a em seus braços e começou a chorar.

– Você é valorosa. Como conseguiu superar a traição de Levi e a acolher sem restrições?

– Amo a pequenina, ela foi um presente dos Céus para mim. Ela não substituirá o amor que tenho por Lucas. Para mim, ela é um novo amor, tão forte que mal consigo imaginar-me sem ela.

– Depois de tantas coisas que aconteceram em minha família, considero-me um covarde, pois talvez eu pudesse ter evitado muitas coisas. Entenderei se me odiar hoje, pois sei, também, o quanto sofreu o peso da mão de minha esposa, e agora nada possui. Fui contra a ação de Eva quanto aos bens, mas... – suspirando, continuou: – Peço que me deixe ajudá-la com uma contribuição mensal. Com isso, poderá se estruturar melhor e iniciar uma nova vida ao lado de minha netinha. Irei me assegurar de que nem minha esposa, tampouco Isaque saibam disso, para não lhe trazer nenhum tipo de infortúnio. A todos nós, basta o passado.

Com carinho, Ísis buscou a carta psicografada de Lucas e pediu que Joshua a lesse. Após terminar, as lágrimas não foram tímidas. Entre soluços e mesmo sem comungar do mesmo credo, sentiu-se tocado pelas palavras do além-túmulo deixadas pelo neto.

– Não se culpe pelos fatos de ontem – disse Ísis –, aprendo dia após dia que em nossa vida não há culpados, mas consequências de nossas escolhas. O senhor, em todas as ocasiões, fez o que sabia e podia fazer, e não trago em meu coração nenhuma mágoa.

Tempos depois, Joshua despediu-se, envolvido pela emoção de conhecer a neta e, especialmente, pela atitude caridosa de sua ex-nora.

Após as despedidas, Ísis lembrava-se das palavras de Irene: "Deus proverá...", sim, Ele, o Senhor, sempre proverá àqueles que não desistirem de lutar pelo melhor e em favor da vida.

Capítulo 18

Quando o amor simplesmente acontece...

"Quem encontrará a mulher talentosa? Vale muito mais do que pérolas... Está vestida de força e dignidade, e sorri diante do futuro. Abre a boca com sabedoria, e sua língua ensina com bondade."

PROVÉRBIOS, 31:10, 26:27

O TEMPO SEGUIA lento, mas constante.

Um ano se passou após os fatos relatados.

Ísis havia se recuperado completamente da depressão e superou com bravura a ausência de Lucas, que guardava silenciosamente em seu coração. Além disso, apresentava uma saúde forte, apesar dos fatos passados. A pequenina Lúcia havia sido fundamental nessa grande melhora.

Os encontros terapêuticos com Olavo continuavam, e entre eles uma forte e especial amizade estabeleceu-se.

Com o apoio de sua irmã e Davi, assiduamente frequentava a casa espírita, cujas reuniões lhe serviam de bálsamo reconfortante e encorajador.

Sem manter qualquer contato com a família de Levi e apoiada por Aidê e o cunhado, dedicava-se às atividades com festas infantis, sobre as quais tinha completo domínio. Com isso, encontrava uma maneira de subsistência.

Naquela manhã, como de hábito, ela foi ao hospital, ao seu encontro terapêutico. Ao terminar a consulta, Olavo, tentando disfarçar o nervosismo, com um semblante pensativo, lhe disse:

– Estou muito satisfeito com seu progresso, mas, por razões pessoais, não poderei dar sequência a seu tratamento. Já identifiquei um excelente profissional para dar continuidade a este trabalho com você. Espero que compreenda minha decisão.

– Como pode me pedir para compreender uma decisão dessas? Além do mais, como escolhe alguém para ser meu terapeuta dessa forma? Diga-me, qual o motivo, de fato, para tudo isso? Como explicar esse abandono?

– Já lhe disse, por razões pessoais não posso continuar. Oportunamente, conversaremos melhor. Apenas aceite, eu acompanharei, quanto possível, sua evolução.

Ísis, visivelmente triste, saiu contrariada, sem dizer uma só palavra, enquanto Olavo permaneceu ali, estático, perdido em pensamentos.

À NOITE, DEPOIS de Lúcia adormecer, Ísis acomodou-se em confortável poltrona. Foi quando Aidê, preocupada, aproximou-se dela:

– Perdoe-me a intromissão, mas percebo que algo a perturba. Se eu puder ajudá-la, diga-me, o que passa com você?

Ísis relatou-lhe as ocorrências matinais e, concluindo, disse:

– Não consigo explicar por que Olavo tomou essa decisão. – Chorando, continuou: – Logo agora que...

– Minha querida! Não precisa mais dizer uma só palavra. Ouso dizer que você está apaixonada por ele.

– Como pode acontecer agora isso comigo? Sinto-me culpada por amá-lo tanto assim. Ele foi sempre muito ético, um excelente médico. Havia jurado a mim mesma que não amaria novamente. Tenho que aceitar essa situação como está e seguir adiante...

– Temo que este fato a faça sofrer. Rogo que tenha coragem e reaja. – Pensativa, prosseguiu: – Além do mais, por que não seria possível um relacionamento entre vocês? Se algo maior ao nosso entendimento os une, não devem resistir a um desígnio celeste.

– Prefiro entregar ao Senhor meus temores, Ele saberá conduzir esta situação melhor do que todos nós. Preciso de coragem, de forças para continuar. Minha filhinha depende dos meus cuidados...

Aidê, com carinho, beijou-lhe a testa, e continuaram conversando sobre os sonhos, dúvidas e um desconhecido amanhã.

NO DIA SEGUINTE, ao final daquela tarde, Davi convidou Olavo para tomarem um café.

Davi, notando que o amigo estava passando por algum conflito, disse:

– Não veja minha observação como se estivesse querendo intervir em sua conduta médica, mas Ísis saiu daqui aparentemente perturbada. Chegou a passar por mim e sequer me cumprimentou, algo que jamais fez. Alguma coisa deve tê-la tocado muito, pois ela estava chorando convulsivamente. Confio em você, mas preocupo-me com o bem-estar de minha cunhada.

– Não serei mais o terapeuta dela, mas já providenciei para que ela seja atendida por um colega muito bem recomendado e capacitado.

– Posso saber o que aconteceu?

– Como poderei, na condição de médico, continuar atendendo uma paciente, se estou loucamente apaixonado por ela? Não queria que isso tivesse acontecido. Envolvi-me em demasia. Apesar do sofrimento, Ísis não perdeu seu encanto. Não consigo conter meus sentimentos, essa paixão escapa ao meu entendimento e, além do mais, a pequenina Lúcia tomou conta do meu coração.

Davi não escondia a surpresa, e interveio:

– O que disse a ela?

– Ela sequer desconfia de meus sentimentos, afinal, antes de ser um homem apaixonado, sou um terapeuta, não posso quebrar a ética que envolve a minha profissão. Não tive coragem de contar-lhe o real motivo de minha decisão. Apenas justifiquei-me dizendo que por razões pessoais não poderia seguir com o tratamento. – Após breve pausa, continuou: – Tenho consciência de que ela e eu não estamos prontos para um relacionamento, então achei melhor me afastar, para não sofrermos.

"Você conhece minha história. Casei acreditando que seria para sempre, mas para sempre é um tempo muito complexo. Infelizmente, apesar dos conselhos que recebi, inclusive os seus, para eu não me casar, porque Clélia não tinha um sentimento de amor por mim, estava surdo e ignorei a todos.

Não a via como alguém que só quisesse manter aparências sociais. Eu estava em ascensão profissional quando recebi aquele convite para fazer a especialização na França. Lá, não demorou para conhecer pessoas e dominar o idioma. Enquanto eu estava muito ocupado, ela conhecia lugares, a sedutora vida noturna, e passou a frequentar muitas festas.

Por Deus! Como queria um filho... Clélia sempre foi muito reticente em relação a isso. Nós vivíamos na Europa, a vida social era muito importante para minha esposa, colocava-a em evidência, e a maternidade ficava em segundo plano. Desconfiei que algo estava errado ou comigo ou com ela. Não adotávamos nenhum método contraceptivo, mas a criança que eu tanto desejava não vinha. Sem que ela soubesse, procurei um médico, pois eu sabia que Clélia não se submeteria a isso. Depois de muitos exames, recebi uma triste notícia: eu não podia ter filhos. Quando era menino, sofri um acidente casual que, consequentemente, me deixou infértil. Fiquei arrasado, mas resolvi aguardar o momento certo para relatar-lhe a difícil verdade.

Um dia, disse que estava grávida. Não poderia ser meu filho, eu era um homem estéril! Com a intenção de pressioná-la, revelei a verdade, a qual, até então, mantivera em segredo. Foi aí que descobri que ela mantinha um relacionamento com um francês e dele esperava aquela criança. Nossa separação foi inevitável. Quando o curso que eu frequentava terminou, voltei para o Brasil. Desiludido, não queria me relacionar seriamente. Nestes últimos anos, não me fixei a ninguém, até conhecer Ísis. Será que ela me aceitará, a mim, que, apesar de gostar tanto de crianças, nunca poderei lhe dar um filho?"

– Meu amigo, confesso que estou surpreso, mas ao mesmo tempo feliz. Sempre é tempo para recomeçarmos. – Olhando para o relógio, convidou-o: – Ainda está em tempo de participarmos de uma reunião na casa espírita. Como já terminamos nosso dia, vamos até lá? Depois desta história, nada melhor do que encontrar um pouco de conforto.

– Sim, vamos. Eu o acompanho. Preciso muito clarear minha mente, recuperar a tranquilidade.

Não demoraram a chegar. O ambiente sereno propiciava àqueles corações uma inexplicável paz. Acomodados no salão, a atenção de ambos voltou-se para Irene. A médium, envolvida por benfeitor espiritual de ordem elevada, pronunciou sublime mensagem.[29] Tratava-se de uma psicofonia, a comunicação espiritual por intermédio da voz do médium:

> – "*Diante do Senhor, muitos filhos seus se colocam como corações enfermiços, com a mente cansada e os sentimentos confusos. Sem saber qual caminho seguir, perdem-se entre os vales das próprias inseguranças. E se esquecem de que o momento, agora, é de partir.*

---

29. Mensagem do eterno amigo Daniel, proferida outrora em reunião pública. (N.A.E.)

Partir não no sentido de fim ou morte, mas deixar partir o passado, para recomeçar no presente uma nova existência.

Deixar partir velhos sonhos, conceitos e valores antigos, dando lugar às novas descobertas, aos novos segmentos de vida, às novas pessoas que se aproximarão, porque aquelas que foram também necessitavam de outras experiências, de outras escolas para o próprio crescimento.

Aceitar a diversidade e fazer com que o convívio equilibrado possa fazer com que o amor seja soberano em relação a qualquer preconceito.

É importante observarmos que Deus não coloca em testemunho os filhos frágeis. Todos somos soldados no nosso interior, somos fortalezas de Deus preparadas para modificar o agora.

Muitas vezes, por coisas mínimas, alianças se desfazem, lares se transformam em campo de batalha, e, nesse combate, perde-se a oportunidade do perdão, da reconciliação. Agravam-se os comprometimentos do passado pelos erros do presente.

Seremos, um dia, luzes do bem, mas, para alcançarmos essa condição, é necessário nos libertarmos, sem restrições, de mágoas e ressentimentos. Aqueles que suplicam a Deus por um novo amor devem considerar que somente seremos merecedores desse sentimento quando nos libertarmos do ódio. Como um coração, nessa condição, carregado de mágoa, poderá atrair o amor?

Portanto, deixemos partir as sombras, porque a luz faz-se necessária para iluminar os caminhos, sedimentar as estradas, vibrando numa frequência de alto valor, trazendo a Deus a certeza de nossa transformação.

Não olhemos mais os defeitos alheios, e não nos comparemos com aqueles que estão ao nosso lado nem vejamos insucessos de outros, porque todo relacionamento é produto de muito esforço e de muita tolerância. Ninguém atravessa os portais da vida ou da morte sem ser testado em sua fé.

Muitas vezes, aquilo que parece hoje um sofrimento sem fim, é vida se preparando para encontrar uma nova porta para continuar.

Nada acontece ao acaso e somos chamados a uma renovação.

O Nosso Senhor não atribui sofrimentos a um ou a outro de maneira casuística. Ele conhece seus filhos e oferece grandes oportunidades de transformação a cada um de nós.

Por isso, atravessamos o tempo vencendo todos os obstáculos de agora, chegando ao presente para alertar que tudo é produto do esforço individual de cada filho de Deus.

Ninguém caminha solitário pela alegria ou sofrimento. Somos aqueles que caminham de mãos dadas, impulsionando os filhos de Deus para uma vida melhor, uma vida renovada, cheia de luz.

Deixemos partir as sombras para que a luz se estabeleça, dando lugar à exatidão, à mansuetude e à transformação.

Tenhamos coragem de modificar, de ser e fazer diferente, porque é a diferença que constrói, e muitas vezes a igualdade paralisa.

E é por isso que o Nosso Senhor nos chama, para não observarmos mais os defeitos alheios, porque também somos detentores de defeitos milenares. E se estamos hoje reunidos na mesma esfera, seja do corpo ou não, façamos nossa mente se libertar de nós mesmos, para termos, sob a força de Deus, a certeza de que podemos nos transformar. Assim, vencendo os obstáculos mais simples da vida, nos encontramos diante de Deus para recomeçar.

E é com esse sentimento de recomeço, de libertação, de confiança, de certeza e de fé que o nosso coração oram para Deus assim:

Permita-nos avançar sem nos esquecermos de nós mesmos, sem olharmos para trás, culpando ou cheios de remorso, mas olhando para o futuro, conscientes de que o Senhor nos reserva sempre o melhor. E, por isso, suplicamos-lhe, coragem para assumirmos nossas deficiências; para modificarmos os nossos atos obscuros; para tentarmos o melhor; para amarmos sem fronteiras; para construirmos com razão; para crescermos em direção aos céus; para semearmos a mansuetude do Cristianismo e para termos paciência, porque somos imperfeitos. E nesta imperfeição necessitamos de sua compreensão e compaixão. Assim, Mestre Amado, deixamos em suas mãos as nossas mais puras impressões, sendo elas alavancadas pelos sentimentos mais puros de nosso coração..."

Ao final da singela reunião, os amigos retiraram-se, carregando no coração um bálsamo de esperança, mas conscientes de que o dia de amanhã deveria ser entregue nas mãos de Deus.

Capítulo 19

Quando os inocentes sentem o peso dos corações das sombras...

"Em todo lugar os olhos do Senhor estão vigiando os maus e os bons."

PROVÉRBIOS, 15:3

ENQUANTO OS dias seguiam seu ritmo, estes corações buscavam dentro de si esperança, coragem e fé para continuar trilhando as estradas de sua vida.

Quase dois anos haviam se passado após o retorno de Levi ao mundo espiritual e o recolhimento de Abadom, que se encontrava em outras estradas, longe das sombras, encaminhando-se à verdadeira direção para a luz e para a misericórdia de Deus.

Em um tempo e espaço muito distintos da Terra, tanto para Levi quanto para Cleo, a estada no mundo espiritual significava grande transformação. Para eles, o tempo parecia ter corrido mais rápido, e sentiam como se já estivessem naquela condição há muitos anos. Ambos haviam firmado uma forte ligação com Cimério, que operava friamente em uma região trevosa, liderando um grupo de filhos de Deus temporariamente distante do amor celestial.

Em meio a tantas sombras, um edifício semelhante a um hospital terreno mantinha-se entre experimentos medicinais escusos e violentos. Práticas de torturas inquisitoriais faziam parte de sua rotina, levando os sentenciados das trevas a deprimente martírio.

Cimério, por motivos muito particulares, não tinha sequer uma lembrança de seu passado, cristalizou sua mente estagnando-a na vaidade, no orgulho e em excessos praticados quando ainda no corpo físico. Após sua desencarnação, mantendo-se voltado a essas marcantes características de sua personalidade, potencializando-as, continuou exercendo a Medicina, mas agora totalmente voltado para o mal.

É nesse cenário que vamos encontrar o casal. Ela, hipnotizada pelas forças de Cimério e pelo suposto amor a Levi, já demonstrava severos sinais de demência, e não mais se recordava dos episódios de sua vida mais recente. Ele, modificado para a maldade, exercia influência sobre os amigos próximos, sobretudo sobre Isaque.

Cimério, pensativo, mandou chamar Levi:

– *Ordenei que viesse até mim porque quero vingar-me de Ísis. Lucas retornou para cá, e os iluminados o acolheram. A culpa é dessa infeliz, que o protegeu até o último momento. Estávamos quase conseguindo, mas fomos vencidos.*

– *Não sei o que passa comigo* – disse Levi. – *Desde que Abadom afastou-se de nós, meus pensamentos estão confusos. Não consigo explicar, mas imagens de um passado distante se mesclam com o presente, fazendo com que eu me sinta muito mal com a minha condição.*

Cimério, nervoso, intensificou os fluídos magnéticos que estavam ligados à sua mente, impedindo-o de ter acesso por completo ao conjunto de informações sobre o pretérito. Levi, nesse momento, sentiu-se atordoado, e, apesar do mal-estar, não ousou contradizer aquele líder das trevas.

– Que quer que eu faça?

– Temos um trabalho a realizar. Destruirei Ísis e farei com que ela sofra lentamente, padecendo a profunda dor de suas perdas. – Com os olhos vermelhos de ódio, continuou: *– Soube que ela adotou uma criança chamada Lúcia. Quero essa menina aqui comigo.*

– Curioso! Ao ouvir suas palavras, algo que desconheço perturba meus pensamentos. É como se conhecesse essa menina, sem ao menos tê-la visto. Um forte sentimento também me remete a querê-la ao meu lado, e não consigo explicar o que sinto. Você saberia me dizer o que ela significou para mim ou ao menos dizer-me quem ela é?

– Nossa vida é um grande enigma. Quando Abadom estava aqui, antes de nos trair, indo para o lado dos iluminados, tudo parecia mais simples. Não tenho respostas para suas dúvidas. Somente sei que algo além de meu entendimento diz para trazermos essa menina para cá.

– Como faremos? Já pensou em algum plano?

– Sim, usaremos Cleo. O amor maternal tanto pode auxiliar como destruir. Magnetizarei sua mente de forma que ela fique ao lado da menina e, por meio dos sentimentos de mãe, ela fará o trabalho para nós. Ela sequer se lembra dos fatos de sua vida recente, somente de você. Portanto, é hora de ela saber da filha. Nós a colocaremos contra Ísis, e faremos com que a veja como uma inimiga. Isso não será difícil; afinal, argumentos não

faltam. Sei que você não me decepcionará, e saberá utilizar seus encantos para chegarmos aos nossos objetivos.

– Farei o que me pede.

Sem nenhuma compaixão, Levi seguiu para cumprir as ordens do líder.

Tempos depois, aproximou-se, com dois seguidores, daquele coração. A situação daquela mulher era digna de comiseração. Com rapidez, Cimério iniciou avançada técnica de dominação, unindo a mente daquelas sombrias criaturas à mente de Cleo, intensificando e controlando seus pensamentos perturbados, aumentando-lhe as tormentas psíquicas.

Em seguida, fios enérgicos torturantes foram estabelecidos em seus olhos, levando-a a tristes alucinações.

Agindo sob as manobras malignas de Cimério, imagens da pequenina Lúcia vinham a sua mente, trazendo-lhe sofrimentos e angústia, mesclando-se às imagens de Ísis, que se transformava em sua inimiga.

Conduzida tal qual uma espécie de marionete, encaminhou-se em busca de sua filha, visando protegê-la de Ísis.

NAQUELA TARDE, Ísis e Lúcia brincavam inocentemente em um parque, sem perceber que eram observadas por Levi e Cleo, que, ao vê-las, imediatamente aproximou-se da pequenina, assumindo um papel materno e impiedoso.

Sem demora, Cleo projetou sobre a medula de Lúcia fluídos danosos, sobrecarregando-lhe as funções mentais, ocasionando sério prejuízo à saúde daquela criança.

A inocente recebeu aquela energia e, em seguida, seu semblante foi se modificando, perdendo o rubro saudável, para dar lugar a um inesperado abatimento, restando-lhe apenas aguardar os impiedosos dias que se seguiriam àquele.

UMA SEMANA após os fatos relatados, pela manhã, Lúcia havia despertado com uma desconhecida e incontrolável febre, vômito e rigidez na nuca, acompanhada de dor na cabeça.

Seu choro sofrido era digno de piedade.

Sem demora, Ísis, desesperada, recorreu à irmã e ao cunhado. Devidamente orientada por eles, encaminhou-se ao hospital.

Ao chegar, seguiu para a emergência.

Enquanto Aidê e Davi acompanhavam os procedimentos do pediatra de plantão, Olavo permanecia ao lado de Ísis, tentando acalmar-lhe o desespero.

Tempos depois, o pediatra, com respeito, notificou o diagnóstico:

– Senhora, removemos sua filha Lúcia para a UTI, ela está com meningite. Lá, poderemos fazer os exames conclusivos. Por sorte, a socorreu em tempo, e faremos o possível pela pequenina.

O sofrimento de Ísis era evidente. Chorando, buscava consolo no ombro de Olavo, não mais na condição de médico. Davi, percebendo que a situação era delicada, não ignorando a suspeita de alguma possível influência espiritual, não perdeu tempo em buscar o auxílio de Irene e o reforço da oração.

ENQUANTO ISSO, no mundo espiritual, Cleo, completamente desvairada, ligada à mente de Lúcia, continuava disparando fortes sobrecargas sobre o cérebro frágil, ocasionando todos os sintomas da meningite.

Não demorou para que o médico espiritual e Amanda agissem. Em volta do leito da pequenina, enquanto as enfermeiras e médicos corriam para socorrê-la, um grupo de benfeitores aproximou-se.

Os dois benfeitores jorravam uma luz azulada sobre Cleo. Ela, completamente exaurida, não suportou aquela intensidade luminosa e, subitamente, desvinculou-se de Lúcia.

A situação daquela mulher suscitava compaixão. Completamente desprovida de maldade e sem a influência de Cimério e Levi, respirava com muita dificuldade.

Sem demora, alguns benfeitores colocaram-se à disposição para auxiliá-la. O médico espiritual carinhosamente aproximou-se, e disse:

– Minha cara, a bondade de Deus é soberana; portanto, Ele, o Senhor, jamais a esqueceria, por isso estamos aqui. Lúcia agora está amparada pela bondade de Ísis, que sequer a culpou, e lhe perdoou, acolhendo sua filha em seu coração. Liberte-as e sigamos um novo caminho. Se você ama sua filhinha, venha conosco. Mais tarde, revigorada, poderá compartilhar das alegrias de Lúcia, mas sem feri-la.

Ela, chorando, buscando forças, com os olhos brilhantes e até infantis, assim respondeu:

– Meus pensamentos se assemelham a um turbilhão de informações desconexas. Sequer consigo entender o motivo pelo qual estou aqui. – Olhando para Lúcia, chorava e, em profundo e inenarrável sofrimento, continuou: – *Falaram-me que ela era minha filha e que eu precisava protegê-la, pois Ísis lhe faria mal a fim de vingar-se de mim, então me aproximei, sem entender ao certo o que se passava.*

"Creiam, queria somente estar perto dela. Então, conforme as ordens de Cimério, eu era obrigada a transmitir esses fluidos sobre sua cabeça, ininterruptamente. Jamais imaginei que estava ferindo minha filha, mas acreditava que a estava ajudando. Entretanto, ela me parece muito amada, espero não tê-la prejudicado com meu suposto amor. Meu coração está sufocado diante dela, e rogo a Deus que me perdoe, sei que cometi muitas faltas e quero repará-las. Rogo apenas que o Senhor não me faça esquecer o que esta criança, um dia, significou para mim."

Amanda, cheia de misericórdia, acariciou-lhe as madeixas e, com uma voz suave, como se entoasse uma cantiga de ninar, disse:[30]

"Não chora, mesmo que o dia esteja encoberto, o sol brilha acima das nuvens do céu.

30. Mensagem da eterna amiga e irmã em Cristo, Raquel, publicada em outra obra. (N.A.E.)
A página "Lágrimas", aqui citada, foi publicada no livro *Cânticos de Luz*, 1. ed. São Paulo: Editora Lar Henrique, 1994, ditada pelos Espíritos Ferdinando, Marcos e Raquel, psicografada por Gilvanize Balbino Pereira. (N.M.)

Não chora, mesmo que a casa pareça vazia, no invisível, Deus nos conforta.
Não chora, mesmo que o passado bata à porta, o presente clama por trabalho e renovação.
Não chora, mesmo que a separação doa à alma, outros participaram da ceia de tua vida.
Não chora, mesmo que a vida seja somente desilusão, a fé é o recomeço para o perdão.
Não chora...
Deixa sempre o cristalizar das lágrimas sobre as construções de luz, sem chorar em vão ou esperar transformações de pronto.
Aprende a esperar, pois o Senhor saberá prover seus filhos no momento justo, na hora certa e no minuto de renovação."

Cleo adormeceu. Sem demora, foi retirada daquele recinto e seguiu, sob o amparo de seus novos amigos, para a Cidade de Jade.[31]

AS HORAS avançaram.

Tarde da noite, Ísis, inconsolável, Aidê e Olavo, aflitos, permaneciam na sala de espera, aguardando notícias sobre a pequenina.

---

31. Jade é uma cidade espiritual (socorrista) onde habitam filhos de Deus que já se encontram desvencilhados do corpo físico. Reservamos especialmente o próximo capítulo deste livro para descrever, em uma pequena síntese, detalhes desta extraordinária obra de Deus. (N.M.)

Tempos depois, um médico maduro e de poucas palavras, responsável pelo caso, chegou e disse:

– Ela está bem e dorme serena. Surpreendentemente, a situação está totalmente controlada e, ao que tudo indica, sem nenhuma sequela. Podem ficar tranquilos agora. Não há mais com o que se preocupar.

Rapidamente, despediu-se e retirou-se.

Nesse momento, Davi, que acompanhava de perto o caso, chegou feliz, trazendo boas novas:

– Fomos, mais uma vez, agraciados pelas bênçãos celestes. Lúcia apresenta uma melhora espantosa. Os médicos da UTI estavam surpresos, mas, por precaução, ela permaneceu internada, para receber maiores cuidados.

– Senhor, serei eternamente agradecida pelo que fez por todos nós – disse Ísis, aliviada. – Não suportaria viver sem ela. Por alguns instantes, pensei que ela não suportaria tal martírio, mas Deus mais uma vez esteve entre nós.

Entre abraços e reconforto, aqueles corações recebiam do invisível uma luz que os envolvia com misericórdia e amor.

Capítulo 20

Quando a Cidade de Jade abre os portões de seu coração...

"Confie no Senhor com todo o teu coração, não te fies em tua própria inteligência, em todos os teus caminhos, reconhece-O, e Ele endireitará as tuas veredas."

PROVÉRBIOS, 3,5-6

ENQUANTO ISSO, no mundo invisível, Deus, conhecedor de todos os corações, em sua infinita bondade permitiu a criação de cidades[32] para acolher seus filhos em fase de transição.

Entre inúmeras colônias espirituais, uma, em especial, chamava a atenção: era a cidade de Jade, criada por volta do ano 220 a.C. com o propósito de preparar a vinda de Jesus, para que ali os espíritos escolhidos melhor se adaptassem à atmosfera espiritual da Terra e, mais tarde,

---

32. "Há, porém, André, outros mundos sutis, dentro dos mundos grosseiros; maravilhosas esferas que se interpenetram. O olho humano sofre várias limitações, e todas as lentes físicas reunidas não conseguiriam surpreender o campo da alma, que exige o desenvolvimento das faculdades espirituais para torná-la perceptível. A eletricidade e o magnetismo são duas correntes poderosas que começam a descortinar aos nossos irmãos encarnados alguma coisa dos infinitos potenciais do invisível, mas ainda é cedo para cogitarmos êxito completo. Somente ao homem de sentidos espirituais desenvolvidos é possível revelar alguns pormenores das paisagens sob nossos olhos. A maioria das criaturas ligadas à Crosta não entende essas verdades, senão após perderem os laços físicos mais grosseiros. É da lei que não devemos ver senão o que possamos a observar com proveito." Extraído do livro: *Os mensageiros*, 32. ed. Rio de Janeiro: Federação Espírita Brasileira (FEB), 1998. Ditado pelo Espírito André Luiz, psicografado pelo médium Francisco Cândido Xavier. (N.M.)

para aqueles que foram sentenciados aos suplícios das perseguições religiosas.

Esta cidade foi projetada, a princípio, como uma estação transitória, que permitia aos emissários de mundos superiores que reencarnariam com o propósito de preparar a vinda de Jesus a adaptação necessária à encarnação no plano terreno.

Em torno de 170 a.C., deixou de ser apenas uma estação e se estabeleceu como uma cidade, pois, com o avanço do Cristianismo, muitos emissários de Jesus necessitavam retornar à Terra. Então, Jade foi importante para esse preparo e para que pudesse fornecer o auxilio necessário a todos os envolvidos nesta grandiosa obra cujo responsável era Cristo.

Foi reconhecida pelo seu incansável trabalho no período das perseguições aos cristãos. Por volta do ano 300 d.C., homens e mulheres, por ordens de Jesus, recebiam acolhida naquele pedaço do coração de Deus e depois eram transferidos para outras cidades, muito mais evoluídas e desprendidas da Terra.

Em 1180 d.C., quando o planeta iniciava as primeiras empreitadas para a organização da Santa Inquisição, ela foi de grande importância no acolhimento de muitos inocentes que sentiram o peso das sentenças inquisitórias. Também foi nesta colônia que muitos enviados de Jesus prepararam suas reencarnações, para auxiliar a humanidade a vencer a onda de fanatismo e perseguição religiosa que se propagava pela Terra.

Está situada sobre a Europa, entre o oeste da Espanha e o sul da França, entre o leste da Itália e o norte do continente africano. No mundo espiritual, está posicionada próxima de um campo de saída[33] da crosta do umbral para uma camada mais sutil, destinada às artes, culturas e ciência.

Jade está estruturada para receber e até propiciar as reencarnações necessárias. Seus núcleos são edifícios construídos por um material análogo às pedras da Terra, entre outras o mármore, a turquesa, a ágata azul, a ametista e as turmalinas, em seu colorido.

Nesses núcleos, dividem-se as funções administrativas, de artes, dos laboratórios, da Ciência, da Filosofia, da Música, da reencarnação, da instrução, do atendimento aos recém-chegados por meio de auxílio hospitalar e oração.

De todos os locais especiais de Jade, dois chamam mais a atenção: o jardim e sua praça central, onde uma vez ao dia todos se reúnem para orar pelos povos filhos de Deus.

ENQUANTO NO mundo físico a pequena Lúcia se recuperava, no invisível, o grupo liderado por Saul, o qual conduzia Cleo, parou diante de um grande e dourado portão.

---

33. Uma espécie de ponto de intersecção entre duas esferas do mundo espiritual. (N.A.E.)
"São pontos nos quais duas esferas próximas se tocam." Extraído do livro *Cidade no Além*. 33. ed. São Paulo: IDE, 2007. Ditado pelos Espíritos André Luiz e Lucius, psicografado pelos médiuns Francisco Cândido Xavier e Heigorina Cunha. (N.M.)

Após serem devidamente identificados, imediatamente entraram, e o esplendor inebriante da cidade de Jade fez-se radiante.

Sem demora, Cleo e outros foram conduzidos para o hospital de apoio, enquanto Saul seguiu para relatar as últimas ocorrências aos membros superiores e assim definir os planos futuros para abrandar o coração de Cimério e seus seguidores.

NAQUELE ENTARDECER, a atmosfera de Jade permanecia serena, e um colorido mesclado ao perfume de flores trazia ao cenário um encanto que somente um grande artista poderia reproduzir em tela branca.

Amanda, prestimosa, não saía do lado de Abadom, que se esforçava para livrar-se do passado e simplesmente recomeçar.

Ao chegar a seus aposentos, Abadom estava sentado na varanda, com um olhar perdido. Ao vê-la, disse, com a voz embargada:

– *Todas as vezes em que saio das sessões regenerativas de passes, sinto que minha melhora é ínfima. Acho que não mereço estar aqui. Mesmo me esforçando para vencer a mim mesmo e recuperar a feição de um homem comum, desfaleço em meus próprios pensamentos de culpa, dor e vergonha. Minhas esperanças por um futuro melhor ainda são cinzas, e não consigo ver além de mim. Essa é a pior batalha que travei em minha história.*

– Não guarde no coração e na mente uma esperança torturada. O tempo segue infatigável para a frente, e é capaz de modificar nossas expectativas quanto ao futuro. O passado é uma história que não podemos mais viver, entretanto, podemos guardar as páginas de suas belezas, encantos e glórias. Podemos nos esquecer das sombras as quais foram inseparáveis companheiras. O Senhor, sem julgamentos, ofereceu a oportunidade de rever o ontem, mas jamais pediu a seus filhos que se fixassem nele, porque a ordem é seguir em frente e recomeçar. Espere confiante, perseverando dia após dia, pois assim conseguirá compreender que Deus não solicita muito, apenas recomeçar.

– Fixei-me nas sombras por tanto tempo que confesso que havia me esquecido de como são belas as obras de Deus.

– Esta cidade é muito especial. Em sua fundação, foi chamada apenas de Estação para a Terra, logo depois foi chamada de cidade de Jade, em virtude de sua irradiação corresponder à de uma pedra preciosa assim chamada. Em torno desse mineral, foram criadas muitas lendas e mitos, mas seu significado é proteção, cura, e representa a essência pura do amor. Dizem que em razão de suas cores regenerativas, o Senhor a chamou assim, porque reconhece este local como uma preciosidade de Deus.

– Curiosa é a vida. Aquilo que perseguimos ferozmente é o que nos acolhe hoje. Tentei por todas as maneiras destruí-la, e agora estou aqui.

Amanda, com carinho, segurando-lhe a mão, disse:

– Venha, quero que conheça meu lugar preferido.

AMBOS CAMINHAVAM em silêncio por uma rua calçada com opala azulada mesclada de verde, quando depararam com um imenso jardim.

Ao adentrarem, o local, inebriante por sua indescritível beleza, arrancava-lhe inevitáveis lágrimas.

Em meio às flores, um homem se destacava, era um ancião que trazia consigo a expressão cândida de um querubim; seus olhos grandes brilhavam, e ele mostrava um sorriso ingênuo, que transmitia coragem, fé e compaixão. Abadom, envolvido pelo carinho que ele emanava naquele local, perguntou:

– *Quem é aquele homem? Recordo-me de que, quando estava nas zonas inferiores, ele me chamava a atenção pela ousadia de vir falar comigo sem me temer. Sua bondade era a única coisa que me fazia me sentir humano, mesmo que por poucos momentos. Em nosso último encontro, eu o afrontei, humilhei e desprezei. Veja, agora onde ele está! Acreditava que ele fosse um nobre entre vocês, mas ele é apenas um jardineiro...*

– *Não se engane pelas aparências. Ele é o nosso Pedro. É um grande, reconhecido e eterno amigo. Muitos foram os convites para ele sair de Jade, mas em seu amor por este lugar e em virtude de tantas necessidades que a Terra ainda possui, preferiu permanecer conosco, para auxiliar todos os que buscam o caminho de Deus, mas por vezes se perdem em suas estradas. Vê a humanidade como um grande jardim que reclama atenção e muito zelo. Além do mais, ele está entre os maiores e renomados lideres de nossa cidade.*

Pedro, ao ver Amanda, aproximou-se sorridente. Com o carinho inerente à sua personalidade, abraçou Abadom, desprendido de qualquer preconceito ou julgamento:

– Meu caro, tenho grande prazer em recebê-lo aqui, afinal, muito esperei por este momento.

Abadom, sentindo a força do magnetismo daquele benfeitor, não conteve as lágrimas, e ajoelhou-se, encobrindo o rosto, envergonhado. Pedro pacientemente segurou-o pelos braços, colocando-o novamente em pé. Em seguida, convidou-os a sentar em um dos bancos próximos. O ex-líder das sombras, secando as abundantes lágrimas, disse:

– Perdoe-me, mas sequer consigo ter coragem para olhar para mim mesmo. Sou alguém cheio de faltas, e o meu passado pesa sobre meus ombros. Sequer sei o que farei, e estou cheio de dúvidas. Como ter coragem para recomeçar?

Pedro, como um avô bondoso e humilde, recostou a cabeça daquele filho de Deus em seu colo e disse:

– Meu amigo, não importa o que fomos, mas sim o que somos e o que faremos para criar um futuro melhor. Lembre-se: ninguém pode vencer as trevas sem que vença aquelas que estão em si mesmos. Isso não significa um motivo para não persistir. O mais importante é que venceu muitos obstáculos e novamente se encontrou com Jesus. No momento oportuno, todas as faltas serão reparadas. Agora, continuar é necessário. Não perca o tempo que deve ser destinado à sua melhora chorando perdas, acrescentando pessimismo e lamentações às suas atitudes do passado. Tenha coragem para recomeçar e leve consigo a promessa de Jesus: "Eu nunca te deixarei, jamais te abandonarei."[34]

34. Paulo, Hebreus, 13:5 (N.A.E.)

UMA BRISA suave soprava sobre aqueles corações. Tempos depois, Pedro os convidou para um passeio:

– *O que é este lugar?* – perguntou Abadom.

– *É uma espécie de estufa onde as flores são cultivadas para em breve plasmarem na Terra. Estamos preocupados com o futuro do planeta, e estamos garantindo que espécies em extinção deem lugar a novas e mais resistentes, para se adaptarem à atual realidade do planeta.*

Além do mais, dia após dia, espécies se extinguem pela ação do homem e entram em extinção, porém outras simplesmente retornam para cá porque cumpriram sua missão.

– *Quem são esses trabalhadores?*

– *São eles os desencarnados que chegaram aqui por vários caminhos, entre luz e sombras, e foram acolhidos por Jade ou foram transferidos de outras cidades espirituais. Aprenderam a viver nesta nova realidade e superam ainda suas fraquezas. Permanecem conosco e trabalham aqui tratando das mudas e de sua distribuição entre as colônias que também têm seus jardins, com as flores que saem de Jade.*

– *Outras cidades podem transferir seus internos para cá?*

– *Como estamos localizados na esfera da cultura, das artes e da ciência, mas ainda próximos das camadas umbralinas, decidimos que nossa Jade seria uma espécie de apoio para as demais colônias que se encontram nas zonas mais densas. Somos responsáveis pelos novos estudos reencarnacionistas, e este jardim tem um objetivo muito especial: por meio do belo, fornecer força e coragem para aqueles que ainda necessitam de transformação, sejam elas quais forem, no planeta Terra ou em uma colônia espiritual.*

– Sempre fui alguém ativo e nunca estive na inércia. Tenho consciência de minhas temporárias limitações, mas rogo, deixem-me ser útil e aprender sobre este mundo novo no qual fui recebido com tanto e indescritível carinho.

– Meu amigo, alegro-me por ver que a esperança, mesmo sufocada, ainda reside em seu coração. Aceitamos sua ajuda, mas terá muito tempo para conhecer nossa Jade, e surpresas não faltarão. Agora, é melhor que se recolha para um breve descanso, ele te ajudará a acalmar tantos pensamentos que passam por sua mente.

Amanda, sorridente, segurou o braço de Abadom, e disse:

– Vamos, oportunidades não faltarão para servir; afinal, Deus conta com todos nós para a construção de um futuro melhor. Seu conhecimento voltado para a luz será muito útil.

Entre calorosos e fraternos abraços, despediram-se, levando no coração as imagens preciosas daquele jardim e de Pedro, um enviado de Deus.

Capítulo 21

Quando os exércitos do Bem se unem para resgatar os corações das sombras...

"Prepara-se o cavalo para o dia da batalha,
mas a vitória pertence ao Senhor."

PROVÉRBIOS, 21:31

ENQUANTO ISSO, no hospital dos espíritos trevosos, a notícia sobre o fracasso de Cleo corria entre os corredores. Cimério, cheio de ódio, foi ao encontro de Levi:

– *Imprestável, sequer foi capaz de fazer o trabalho de um homem. Eu mesmo o farei. Unirei os melhores e mostrarei que os tais iluminados podem ter vencido essa luta, mas sou mais forte do que aqueles malditos. Abadom foi fraco e juntou-se a eles, mas mostrarei quem é o líder.*

Chamando um de seus seguidores disse:

– *Preparem-se, vamos nos vingar. Reúna o maior número possível de nossos seguidores, formaremos um exército. Faça alianças, não importa de que tipo serão, com os outros guardiões do vale das sombras. Ofereça-lhes em meu nome o que for necessário para que se unam a mim.*

Olhando com ódio para Levi, sentenciou:

– *Quanto a você, serei impiedoso, e lhe mostrarei o que faço com aqueles que fracassam diante de uma ordem minha.*

Sem nenhuma piedade, ordenou que Levi fosse severamente punido pelo insucesso do caso. Em silêncio e profundamente atordoado, este foi levado para um local recolhido do sombrio hospital.

Sem querer atribuir maiores sombras ao indescritível hospital, seremos breves e sucintos nesta descrição. O ar daquele local era rarefeito e acentuado em razão do forte odor de éter, dificultando a respiração de todos. Possuía equipamentos médicos semelhantes aos da Terra, porém haviam sido modificados para a prática do mal. Seus corredores estreitos, úmidos, frios e escuros, davam acesso aos supostos leitos onde Cimério mantinha cativos muitos filhos de Deus que outrora comungavam das mesmas filosofias ou estavam a ele subjugados em virtude das trocas de favores concedidas no campo da matéria, sentimento e até conquistas profissionais.

Criaturas que um dia haviam exercido a Medicina na Terra executavam, de forma impiedosa, procedimentos sobre seus assistidos. Utilizando-se dos sentimentos, remorsos e culpas, faziam com que eles fossem torturados pelos próprios pensamentos. Descargas energéticas de baixa frequência sobre a consciência deles faziam com que sofressem indescritivelmente.

Enquanto outros os influenciavam e assim modificavam sua aparência perispiritual, sugestionando-os por pensamentos maléficos que os transformava em instrumentos do mal, eram mantidos ali, mas, ao contrário das moradas celestiais, onde hospitais auxiliam os recém-chegados ao mundo espiritual, oferecendo amor, afeto e instrução, ali reinava a dor, e os métodos de punição assemelhavam-se aos utilizados nos cárceres da Inquisição.

Levi, em inenarrável cena, foi algemado e levado para um quarto pequeno, onde as paredes vertiam um visgo esverdeado e castanho. Preso em um leito, a ele restava apenas esperar e acatar a cruel sentença dos médicos das sombras.

NO INVISÍVEL, a preocupação era evidente. Afinal, Cimério havia ordenado que um grupo enfrentasse a segurança da cidade de Jade, onde um conflito era esperado.

Enquanto Jade recebia reforços e fortificava sua guarda, Amanda foi visitar Abadom, que recebia assistência espiritual no hospital de luz daquele local. Ele, sentado em uma varanda, podia vislumbrar o jardim florido, colorido, e sentir o perfume que exalava por toda a cidade. Com carinho, Amanda aproximou-se, buscando notícias do recém-chegado. Ele, ao vê-la, cumprimentou-a e disse:

– *Desde que estou aqui, ouso dizer que seu semblante apresenta uma extenuante preocupação a qual nunca presenciei. Queria poder lhe retribuir o que fez por mim de alguma forma. Sei que ainda posso não ser confiável, mas o amor que carrego por você em meu coração está me curando. Sinto-me melhor a cada minuto que aqui estou e sei que sem sua ajuda e de meu grande amigo médico espiritual isso seria impossível.*

– *Estou feliz e agradeço ao Senhor pela sua constante melhora* – interveio Amanda, com carinho –, mas *algo muito sério nos pede total atenção. Seguirei com os demais para enfrentarmos Cimério, que decidiu travar uma batalha contra nós. Disseram que ele reuniu seus melhores seguidores, e já estão de prontidão para iniciar a luta. Tentam sair do umbral e atravessar o campo de saída para chegar até aqui. Os guardiões de Jade e muitos outros enviados de cidades próximas se colocaram à disposição de nosso eterno amigo, o médico espiritual, e estão se organizando para seguir até a zona de trevas, onde atua aquele filho das sombras.*

Além do mais, recebemos uma ordem das altas esferas para dissolver o hospital que Cimério mantém. Esse lugar deve ser dissolvido, assim como os tristes quadros mentais que ali estão estabelecidos. Algo o fortalece, mas, infelizmente, sequer sabemos por onde começar. Nossa Jade está preparada para recebê-los, e todos já estão prontos. – Após longo suspiro, continuou: – *Rogo ao Senhor que tenhamos coragem para atravessarmos mais esse confronto.*

Abadom abaixou a cabeça por um momento e encobriu o rosto com as mãos emagrecidas. Após seu sofrido silêncio, disse:

– *Não posso permitir que este lugar seja destruído. Por muito tempo, busquei que fosse exterminado, mas depois que conheci Jade, não posso ficar aqui parado enquanto as sombras que tanto conheço se movem para uma guerra. Deixe-me ir com você. Acredite, serei muito útil. Conheço bem todos os que estão com Cimério, e poderei ajudar a detê-los.*

– *Temo por ti. Ainda não está totalmente recuperado. Se for até lá, poderá ser exposto ao magnetismo das trevas, e poderá sucumbir a ele.*

– *Por misericórdia, confie em mim, sei que nada fiz para ter sua confiança, e meus atos me denunciam. Somente eu entendo aqueles corações que eu mesmo auxiliei a endurecer, pois conheço suas fraquezas e os mecanismos utilizados pelas trevas, principalmente agora que retomei minha consciência.*

Pensativa, após alguns instantes, respondeu:

– *Talvez tenha razão, poderá nos ajudar nesta batalha tão difícil.*

Amanda abraçou carinhosamente Abadom e, em seguida, sem perda de tempo, partiram.

O MÉDICO ESPIRITUAL, com outros benfeitores espirituais, organizou, na praça central de Jade, a segurança para a difícil tarefa que em breve seriam obrigados a enfrentar.

Ele, ao ver Amanda, não escondeu a alegria por identificar Abadom ao lado deles. Após breve saudação, disse, com respeito:

– *A situação é muito delicada. Já vivenciamos muitos ataques, mas este está bem reforçado. Cimério intensificou a guarda de seu hospital nas zonas umbralinas. Infelizmente, temos que lidar com as fraquezas de muitos desencarnados, e com as ondas vibracionais dos encarnados vinculados energeticamente a esse líder das sombras, que se beneficiam com seus préstimos. Aqueles que se afinam com a densidade cooperam com a resistência. Uma força maior mantém esses filhos de Deus, e ainda não conseguimos identificar de onde vem, sua origem é curiosamente desconhecida.*

– *Eu sei onde está a fonte* – disse Abadom. – *Se quer enfraquecê-lo, é necessário destruir o que está no centro do hospital mantido por ele. É de lá que ele recebe toda a força para exercer suas maldades. Aparelhos muito bem elaborados liberam energia suficiente para que ele se nutra e se torne aparentemente indestrutível.* – Preocupado, prosseguiu: – *Sempre acreditei que as trevas eram muito mais fortes do que a luz, estava enganado.*

– *O que há lá que o faz tão poderoso?* – perguntou o médico espiritual.

– *Para enfrentarmos os benfeitores do Senhor, criamos muitos equipamentos. Se estivéssemos na Terra, os aparelhos a que me refiro teriam algo semelhante à força das grandes usinas hidrelétricas que, por meio de geradores, têm o poder de transformar um movimento mecânico em energia elétrica. Neste caso, o que é feito é um trabalho sobre a densidade energética das sombras, e eleva-se sua potência a progressiva grandeza.*

– *Não compreendo! Como é feita a transformação dessas energias na zona de trevas?* – perguntou Amanda.

– *À energia mais densa, analogamente ao que acontece na Terra, podemos vincular aquela da Mecânica, e está associada às ondas de baixa frequência emitidas a partir das zonas sombrias, reforçadas por aquelas advindas da Terra pelos encarnados, por meio de seus pensamentos, vícios, sentimentos distantes da bondade de Deus, resíduos mentais perturbadores e angustiantes. Concentradas em uma espécie de gerador capaz de controlar a frequência dos pensamentos e a tensão ou a concentração mental das trevas, criam uma corrente elétrica sincronizada com velocidade de recepção e de envio.*

"Esses catalisadores e distribuidores permitem que as trevas manipulem as mentes, criando um mútuo fascínio entre

manipulado[35] *e manipulador. Os receptores ficam constantemente conectados a esses reservatórios de indutores mentais, por meio de filetes energéticos forrados de eletroímãs que fornecem o campo magnético que lhes atribui força motora para exercerem a maldade ao seu alcance. Essas criações foram chamadas de 'condutores tentáculos'."*

– *Como conhece tão detalhadamente esses equipamentos?* – perguntou o médico espiritual.

– *Porque eu ajudei a desenvolver* – disse Abadom, com a voz entristecida. – *No hospital, estão conectados a eles muitos pacientes de Cimério, tanto encarnados quanto desencarnados. Portanto, se destruirmos aquele local e, principalmente, os equipamentos, o enfraqueceremos. Uma coisa posso afirmar, sou capaz de ajudá-lo.*

– *Você tem consciência do que isso pode lhe acarretar? Ainda está frágil em razão das várias intervenções corretivas que realizamos em seu perispírito. Com isso, estará mais suscetível às energias advindas do sombrio mundo no qual viveu por tanto tempo, e a ele poderá sucumbir novamente.*

– *Sim, estou consciente, mas eu fui uma das causas de tudo isso. Além do mais, quero desfazer o que eu criei. Muitos acreditam que as sombras não evoluem em seus métodos de dominação, mas estão errados. Da mesma forma que a ciência progride na Terra, em planos onde ainda predomina o mal, espíritos trevosos também aperfeiçoam seus conhecimentos com a intenção de arrastar para junto deles quem está sintonizado com o vício e com a maldade.*

35. Também se atribui os seguintes termos: obsedado e obsessor. (N.A.E.)

Essas regiões se fortalecem conforme sugestões inferiores advindas do coração dos homens. Lembremos que não há influência unilateral. Ou seja, somente existe obsessão se há uma contraparte para estabelecer o círculo de permuta de perseguições, maldades e afinidades, pois assim viveram, reagindo a eles próprios.

– *Toda ajuda será importante* – disse o médico espiritual. – *Se está seguro dessa decisão, então, não podemos mais perder tempo. Vamos.*

Após repassar as ordens e selecionar aqueles que os acompanhariam, seguiram para o vale de trevas, em busca do referido hospital.

OS BENFEITORES chegaram ao destino.

Naquela sombria região, um edifício chamava a atenção, era o hospital de Cimério. Abadom, com firmeza, não mais apresentando assustadora feição, orientava os anjos da luz e indicava as fraquezas do local.

Não demorou para que um grupo de emissários do Senhor se posicionasse ao redor do edifício, e uma forte luz violeta e alaranjada[36] jorrava sobre o local.

Aqueles filhos de Deus se assemelhavam a um exército do bem, mantinham serenas suas feições, apesar da momentânea dificuldade, e entoavam uma prece em um cântico celestial afinado e angelical:

---

36. Utilizamos a associação desta cor alaranjada por não haver na Terra aquela específica, utilizada no mundo superior. (N.A.E.)

"Senhor Jesus...

Diante dos obstáculos das vidas, ainda nos encontramos ensurdecidos, mudos e cegos.

Caminhando desfalecidos, com o peito massacrado pelo egoísmo nutrido pela nossa ignorância.

Contando os dias passados, esquecemo-nos de viver o presente, construindo, hoje e sempre, o melhor para o nosso futuro.

Com o olhar voltado para nós mesmos, ignoramos o Sol que desperta todas as manhãs com serenidade, apesar de trazer consigo o vulcão vivo de sua natureza.

Duvidamos do seu auxílio, mas o Senhor sempre permanece ao nosso lado com bondade, transformando nossas ilusões em trabalhos consistentes e seguros.

Diante de sua compaixão, alcançamos a vitória e, diante de sua misericórdia, tocamos os céus, sem nos esquecermos das responsabilidades que coroam em luz nossas existências nas estradas do mundo, mesmo que elas nos pareçam áridas.

Levaremos conosco a certeza de que a glória de sua sabedoria delineará as estradas de nossa vida e que os ventos dos desalentos, desânimos ou tormentos não poderão destruir nossa fé, nosso trabalho e nossas esperanças..."

Forte clarão preencheu o ambiente. Incomodados pela luz, várias criaturas, dignas de piedade, ignorando o que ocorria, saíram atordoadas.

Enquanto alguns caíam de joelhos em busca de misericórdia e eram amparados segundo sua necessidade e merecimento, outros fugiam assustados ou envolvidos por intenso ódio, rompendo o cerco feito pelos guardiões daquele sombrio local, sob uma chuva magnética provocada por eles.

NESSE MOMENTO, Cimério aproximou-se, acompanhado de seus seguidores. Ao ver Abadom, gritava, cheio de incontido ódio:

– *Traidor. Covarde. Uniu-se aos iluminados e agora tem a audácia de vir até aqui. Sentirá o peso da minha punição.*

Sem piedade, iniciou sofrido ataque contra o ex-amigo. Emanava continuamente sobre ele um fluído viscoso maligno, fazendo-o curvar-se sobre os joelhos.

O médico das sombras ordenou que trouxessem Levi até ele, para continuar a sofrida tortura.

Ao chegar, a situação de Levi suscitava compaixão. Severamente, foi atirado ao lado de Abadom.

Caídos, pareciam meninos apavorados diante das energias terríveis que os envolviam.

Antes que fossem mais prejudicados, Saul, o médico espiritual, envolvido em radiosa luz, colocou-se entre eles e os golpes magnéticos, protegendo-os do danoso ataque das sombras.

Amanda, percebendo a delicadeza do momento, com firmeza aproximou-se e, após breve oração, rapidamente retomou as feições da espanhola Lola. Retirando o chale dos seus cabelos negros, interveio com doçura:

– *Tomaz, amigo eterno, homem justo e bom. Rogo que as recordações das primaveras mais nobres que vivemos juntos em Sevilha voltem à sua mente. Suplico ao coração paterno de outrora, que tanto amou nossa Mina, que volte agora para nós. Aqui está meu esposo amado e meu filho, que um dia foi genro amado e adorado, que agora necessita tanto de ti.*

Acredito que mesmo tendo conhecido o submundo das trevas, marcando-se com a lama da maldade, nunca deixará de ser um amado filho de Deus. Sei o quanto os espinhos do passado modificaram as estradas de sua história. Não se engane acreditando que poderá vingar o ontem. O tempo seguiu, assim como todos nós. Reencontramo-nos sob o amparo de Deus que nos reuniu para fazermos valer seu amor. Você e meu esposo criaram a tempestade e o nevoeiro do sofrimento, mas agora devemos avançar, pois todo recomeçar pode parecer doloroso, mas sempre nos levará à renovação.

Cimério, ao vê-la, não suportou a emoção. Sua mente confusa travava uma batalha interior. Instantes depois, ordenou que parassem de despejar sobre Abadom e Levi aquela energia sombria.

Amanda correu em direção aos seus amores. Com carinho maternal, repousou a cabeça de Levi próximo de seu coração, o qual desfaleceu, em consequência do ataque sofrido.

Aquele líder das trevas recebia involuntariamente o envolvimento de um amor puro que a veneranda e outros seres benditos derramavam silenciosamente sobre ele. Lentamente, as dores que sentia, causadas pelo confronto com as trevas, abrandaram. Levi recuperava a lucidez graças às palavras e os cuidados que recebera.

Enquanto isso, a sombria criação mental daqueles espíritos perversos (o hospital, suas aparelhagens) se desvanecia no espaço, desaparecia por força da misericórdia de Deus, que nunca desampara os aflitos.

Sentindo-se enfraquecido, incapaz de reagir, Cimério ajoelhou-se.

– Lola, diga-me, onde está minha filha?

– A pequenina Lúcia, que você tanto queria atrair para o seu lado, é a nossa Mina.

– Não, não pode ser. O que fiz? O que sou? Como pude esquecer tudo isso?

– Você não conseguiu aceitar nossa desencarnação nas fogueiras da Inquisição, recusou-se a compreender a realidade. Sua mente cristalizou-se em uma fresta de um tempo remoto para não sofrer, fechando-se às questões que pudessem tocar seu coração. Alterou inclusive a própria aparência, para apagar de sua memória qualquer traço que pudesse remeter ao homem de Deus que realmente você é.

– O que será de nós? De Levi, que tanto amei na condição de um filho que a vida não me deu. Deus nunca me perdoará, tampouco nosso menino.

– Meu filho jamais se esqueceu de Mina. Viveu buscando em muitos corações aquela que as chamas impiedosas retiraram do seu convívio, secando o amor de seu ser. Entretanto, ele necessita

de muito auxilio. Em virtude desse fato, não suportou a ausência da amada e, em seus retornos à Terra, mergulhou nos prazeres da matéria, para, assim como você, não permitir-se sofrer, e também para evitar que sentimentos elevados o remetessem a viver a profunda solidão interior que reinava em sua alma.

Nossa Lúcia, bondosa, também não esqueceu deste amor. Sempre buscou trazê-lo para a mesma egrégora cristã à qual pertence. Retornou a uma nova vida para um dia receber Levi como um filho e para ajudá-lo a reajustar o próprio passado.

– Não sou digno de sequer ouvir sua voz. Olhe para mim. Abadom não é mais o mesmo e percebo a grande mudança operada em seu corpo, ele é novamente um homem. E eu? Em que me transformei? O que sou senão um monstro? Devo partir e retornar para minhas trevas, lá é meu lugar. O peso de erros, crimes e insensatez é o que me resta. Deus não permitirá que alguém como eu adentre sua morada.

– Na vinha do Senhor não falta trabalho, você e Abadom foram chamados pelo Senhor para se refazerem e, no futuro, auxiliarem, por meio da Medicina que tanto conhecem, os filhos de Deus que estão na Terra. Agora, seus conhecimentos poderão ser utilizados totalmente para o bem. Com muita dedicação, não tardará para recuperar sua verdadeira feição e assumir uma nova vida.

Um grupo de benfeitores acolhia Levi e Abadom. Enquanto isso, o médico espiritual aproximou-se de Cimério. Ele, em lágrimas, disse:

– Não consigo compreender sua bondade, tanto eu quanto Abadom sempre o perseguimos e até tentamos destruir

o seu trabalho aqui e também no mundo físico, utilizando meios escusos para operar sobre a obra do Senhor na Terra, mas não conseguimos, e agora estou diante de você recebendo um amor que há muito não sentia. Não poderei acompanhá-los, não sou digno de receber a misericórdia de Deus.

– Meu amigo – disse o médico espiritual –, *não estamos aqui para julgar as acusações que pesam sobre um réu. Não podemos esquecer o que fomos ou viver novamente o ontem, mas podemos recomeçar. É o momento do restabelecimento da ordem de Deus. Não perca a oportunidade que o Senhor deposita em suas mãos. Não se prenda nas próprias sombras íntimas. É hora de transformar suas intenções em bondade, o passado não voltará mais, "...pois é luz tudo o que manifesto. É por isso que se diz: Ó tu, que dormes, desperta e levanta-te entre os mortos, que o Cristo te iluminará."*[37]

Lágrimas incontidas se derramaram sobre aquele rosto que outrora ostentava maligna expressão. Sem forças, no momento que os espíritos de luz o envolviam em singela oração, desfaleceu.

Enquanto isso, benfeitores espirituais celebravam a misericórdia de Deus que permitia dissipar da Terra planos onde se reúnem espíritos trevosos, os quais, um dia, também encontrarão o rumo do sublime amor.

---

37. Paulo, Efésios, 5:14 (N.A.E)

Capítulo 22

Quando se tem um amanhecer para recomeçar...

"Confia no Senhor, ele te ajudará, endireita teus caminhos e espera Nele. Vós, que temeis ao Senhor, contai com sua misericórdia e não vos afasteis para não cairdes. Vós, que temeis ao Senhor, tende confiança nele e a recompensa não vos faltará. Vós, que temeis ao Senhor, esperai bens, alegria eterna e misericórdia. Pois sua recompensa é dom eterno na alegria."

PROVÉRBIOS, 2,6-9

A FORÇA DO amor sempre triunfa: na cidade de Jade reinava a paz entre aqueles filhos de Deus que escolheram dedicar-se à tarefa enobrecedora de semear a luz na Terra.

Após dramáticas ocorrências, a paz também voltou a repousar no coração das personagens deste relato.

Ísis, dia após dia, vencia as batalhas que travava em seu íntimo. A pequenina Lúcia preenchia seu coração com esperança e coragem. Olavo enfrentava as marcas do passado e, carinhosamente, se entregava ao amor que um dia fora motivo de tanto sofrimento. Ao lado de Ísis, vivia uma nova e redentora experiência, vencia o medo e as dúvidas que tanto o perturbaram um dia.

Aidê, ao lado de seu esposo, Davi, continuava apoiando integralmente sua irmã e, juntos, seguiam a estrada da vida, que por vezes lhes parecia sinuosa e até mesmo sombria, mas a fé inquebrantável de seu coração lhes dizia que, seguindo por ela, um dia triunfariam.

Naquela manhã, o Sol presenteava a Terra com seus raios luminosos. O azul-celeste do céu anunciava a chegada da mais bela das estações, a primavera.

Aidê, Davi e Ísis, ao chegar à casa espírita, perceberam que o ambiente estava envolvido por uma paz celestial, e o perfume das flores dava ao recinto um colorido especial. Após fervorosas preces, um radiante grupo de benfeitores espirituais se expandiu em luz e compaixão, recebendo diretamente da cidade de Jade a inspiração superior necessária para manter o recinto em equilíbrio e paz.

O médico Saul, ao lado de Amanda, envolveu a médium com carinho. Irene, recebendo as vibrações daqueles emissários do Senhor, entregou seu coração a eles e, com doçura, iniciou a palestra:

– Muitas vezes, o sofrimento e a melancolia são fruto de uma má escolha. Entretanto, não podemos mais massacrar a nós mesmos, nos culpando ou cultivando lamentações porque houve uma escolha equivocada.

Somos filhos de Deus, e é possível escolher novamente e reencontrar em outras estradas e outros corações uma nova oportunidade para recomeçar.

Não devemos jamais lamentar o que perdemos. Não há mais tempo para essas lamentações, há tempo sim para limparmos o nosso coração e abrirmos nosso espírito para receber o novo, o novo que é o anúncio de Deus em seu amor eterno.

Tudo é passageiro, todos os problemas terrenos pertencem ao chão, mas o que vale desses problemas é o aprendizado experimentado pelos filhos de Deus, aqueles que conseguem atravessá-los confiantes de que sempre há de nascer um novo dia e uma nova esperança. Porque tristes são aqueles que passam pela vida carregando um coração vazio, sem esperança, e que perdem tempo chorando o passado.

Sejamos aqueles que olham para a frente e que caminham, pois é isso que o Senhor espera de nós. Devemos aprender a escolher melhor, porque possuímos a sabedoria dos Céus.

De que nos vale lamentar o que fomos, se podemos ser diferentes hoje, lembrando que o Senhor nos consola e abre para nós uma nova realidade, avançando dia após dia em direção aos céus? Portanto, acreditemos na vitória:

Não desanime. Desânimo é derrota certa.

Não julgue aquele que o ofendeu. Ele também pode ser um doente necessitando de auxílio.

Não jogue sobre os outros responsabilidades que eles ainda não podem suportar. Assuma o fardo que lhe pertence, siga confiante com Jesus e não tema.

Não perca tempo falando dos outros. Seu tempo é precioso; portanto, por agora, aproveite-o estudando.

Não levante calúnia contra ninguém. A língua que fere é a mesma que pode ser ferida.

Não desista da vida. Lembre-se de que, a cada existência, cabe-nos evoluir na direção de Deus.

Não chore sem razão. Enquanto o choro é seu companheiro, o sorriso chora triste, porque ele não tem espaço em seu rosto.

Não duvide de Deus. Hoje é o momento para encontrar o caminho da fé, e ele, o caminho, está bem sob seus pés.

Não odeie. Ódio é ferrugem no coração.

Não permita que o pessimismo se aproxime. Pessimismo é dissabor de quem ainda está longe do positivismo chamado Deus.

Seja o que for... Seja quem for o seu infortúnio, lembre-se sempre de que quem segue com fé, esperança e coragem na alma, trabalhando confiante em Jesus e com Jesus, jamais sentirá o sabor da derrota, porque quem vive a verdade saberá o que é a vitória de um dia renascer na Terra ou retornar à espiritualidade, sempre buscando dentro da própria alma a vontade de ser melhor e vencer, em nome de Deus.

CARO AMIGO LEITOR, *encerramos aqui nosso singelo e despretensioso encontro, pois ao certo, você possui, além de um amanhecer, uma vida para recomeçar.*

Então, com carinho, despeço-me, e espero que possa modificar positivamente esta existência e muitas outras, lembrando que o Senhor sempre oferece um novo amanhecer para recomeçar.

Agora, basta simplesmente começar...

Saul

Galeria das personagens

ABADOM: Líder das trevas.

AIDÊ: Médica, espírita, irmã de Ísis e esposa do médico Davi.

ALMEIDA: Senhor que atropelou Lucas.

AMANDA: Benfeitora espiritual.

ANTONIO: Médico neurocirurgião que operou Lucas.

CARLOS: Médico que opera Cleo.

CIMÉRIO: Líder das trevas, amigo de Levi.

CLÉLIA: Esposa do médico Olavo.

CLEO: Funcionária da empresa de Levi, sua amante.

DAVI: Médico, espírita e esposo da médica Aidê, irmã de Ísis.

DONA GUILHERMINA: Amiga de Cleo.

EVA: Esposa de Joshua, mãe de Levi e Isaque – família não cristã.

FRANCISCA: Criada de Ísis.

GARCIA: Advogado da família de Levi.

IRENE: Médium.

ISAQUE: Irmão de Levi, filho de Eva e Joshua – família não cristã.

ÍSIS: Esposa de Levi, mãe de Lucas e irmã de Aidê.

LEVI: Esposo de Ísis, filho de Eva e Joshua – família não cristã.

JOSHUA: Esposo de Eva, pai de Levi e Isaque – família não cristã.

KALEO: Médico cardiologista que tratou o médico Davi.

LOLA: Esposa de Abadom na vida passada, em Sevilha, Espanha.

LUCAS: Filho de Ísis e Levi.

LÚCIA: Filha Cleo e Levi, futuramente adotada por Ísis.

MARIA DA LUZ: Secretária de Levi.

MINA: Filha de Tomaz na vida passada, em Sevilha, Espanha.

NUNES: Médico cardiologista que tratou o médico Davi.

OLAVO: Médico psiquiatra e terapeuta de Ísis.

PAULA: Secretária do médico Davi.

PEDRO: Benfeitor espiritual da cidade de Jade.

SAUL: Benfeitor e médico espiritual.

SÔNIA: Esposa de Isaque – não cristã.

TOMAZ: Amigo fiel de Abadom na vida passada, em Sevilha, Espanha, antes de tornar-se um líder de trevas.

Referências bibliográficas

BONNA, Miltes Carvalho. *Evangelho no lar.* São Paulo: Petit, 2008.

BALBINO, Gilvanize Balbino Pereira. *Cânticos de luz*. Pelos espíritos Ferdinando, Marcos e Raquel. São Paulo: Lar Henrique Editora, 1995.

BALBINO, Gilvanize Balbino Pereira. *Esperança viva*. Pelo espírito Ferdinando. São Paulo: Editora Núcleo Espírita, 1994.

KARDEC, Allan. *O Evangelho Segundo o Espiritismo*. 21. ed. São Paulo: Petit Editora, 2009.

KARDEC, Allan. *O Livro dos Espíritos*. 14. ed. São Paulo: Petit Editora, 2009.

XAVIER, Cândido Francisco. *Os mensageiros*. Pelo espírito André Luiz. 32. ed. Rio de Janeiro: Federação Espírita Brasileira (FEB), 1998.

XAVIER, Cândido Francisco. *Libertação.* 14. ed. Rio de Janeiro: Federação Espírita Brasileira (FEB), 1990. André Luiz (espírito).

XAVIER, Cândido Francisco; CUNHA, Heigorina. Pelos espíritos André Luiz e Lucius. *Cidade no Além*. 33. ed. São Paulo: IDE, 2007.

A *Bíblia de Jerusalém*. São Paulo: Paulus, 2002. (Nova edição, revista e ampliada).

Dicionário Aurélio Eletrônico – Século XXI. Versão 3.0. Nov. de 1999.

Anexo

O Evangelho no Lar

"Pois onde dois ou três estiverem reunidos em meu nome, ali estou eu no meio deles."

MATEUS, 18:20

A PRÁTICA E O estudo contínuo do *Evangelho* no Lar tem a finalidade de:

- unir as criaturas, proporcionando uma convivência de paz e tranquilidade;
- higienizar o lar com nossos pensamentos e sentimentos elevados, permitindo facilitar o auxílio dos mensageiros do bem;
- proporcionar no lar, e fora dele, o fortalecimento necessário para enfrentar dificuldades materiais e espirituais, mantendo ativos os princípios da oração e da vigilância;
- elevar o padrão vibratório dos familiares, a fim de que possam contribuir para a construção de um mundo melhor.

SUGESTÕES

Escolha uma hora e um dia da semana em que seja possível a presença de todos da família, ou daqueles que desejarem participar.

A observação cuidadosa da hora e do dia estabelece um compromisso de pontualidade com a espiritualidade, garantindo a assistência espiritual.

A duração da reunião pode ser de trinta minutos, aproximadamente, ou mais, dependendo de cada família.

Não suspender a prática do *Evangelho* em virtude de visitas, passeios adiáveis ou acontecimentos fúteis.

Providenciar uma jarra com água para fluidificação, para ser servida no fim da reunião.

ROTEIRO

1. PRECE INICIAL

Pai-Nosso ou uma prece simples e espontânea, valorizando os sentimentos e não as palavras, solicitando a direção divina para a reunião.

2. LEITURA

Leitura em sequência de um trecho de *O Evangelho Segundo o Espiritismo*, começando na primeira página, incluindo prefácio, introdução e notas.

3. COMENTÁRIOS

Devem ser breves, e que esclareçam e facilitem a compreensão dos ensinamentos e sua aplicação na vida diária.

4. VIBRAÇÕES

Fazer vibrações é emitir sentimentos e pensamentos de amor, paz e harmonia, obedecendo a este roteiro básico e acrescentando as vibrações particulares, de acordo com as necessidades.

Em tranquila serenidade e confiantes no Divino Amigo Jesus, vibremos:

Pela paz na Terra, pelos dirigentes de todos os países, pelo nosso Brasil, pelos nossos governantes, pelos doentes do corpo e da alma, pelos presidiários, pelas crianças, pelos velhinhos, pela juventude, pelos que se encontram em provas dolorosas, pela expansão do *Evangelho*, pela confraternização entre as religiões, pelo nosso local e pelos companheiros de trabalho, pelos nossos vizinhos, pelos nossos amigos e inimigos, pelo nosso lar e pelos nossos familiares e por nós mesmos. Graças a Deus.

5. PRECE FINAL

Pai-Nosso ou uma prece espontânea de agradecimento, solicitando a fluidificação da água e convidando os amigos espirituais para a reunião da próxima semana.

Ao terminar a leitura deste livro, talvez você tenha ficado com algumas dúvidas e perguntas a fazer, o que é um bom sinal. Sinal de que está em busca de explicações para a vida. Todas as respostas de que você precisa estão nas Obras Básicas de Allan Kardec.

Se você gostou deste livro, o que acha de fazer que outras pessoas venham a conhecê-lo também? Poderia comentá-lo com aquelas do seu relacionamento, dar de presente a alguém que talvez esteja precisando ou até mesmo emprestar àquele que não tem condições de comprá-lo. O importante é a divulgação da boa leitura, principalmente a da literatura espírita. Entre nessa corrente!

Livros de Gilvanize Balbino Pereira

Lágrimas do Sol
Romance histórico dos Espíritos Ferdinando e Tiago

No final do século 15, nos tribunais da "Santa Inquisição", homens, mulheres e crianças são injustamente condenados. Em Granada, no sul da Espanha, Joana entrega-se a Jesus. Um dia, a divina providência conduz Zarif, o mouro, até seu lar. O despertar do amor entre eles leva Joana a ver do que é capaz a maldade dos homens e o alcance da misericórdia de Deus...

Lanternas do tempo
Romance histórico dos Espíritos Ferdinando e Bernard

Constantinus (280–337d.C) instituiu o Cristianismo a religião oficial do Império Romano. Graças a ele, as perseguições contra os cristãos terminaram. Quem foi esse homem? O que o levou a expor-se em defesa dos cristãos? Neste romance – que revela o que aconteceu nos bastidores – conheça a mulher a quem o imperador entregou o coração e o destino dessa paixão...

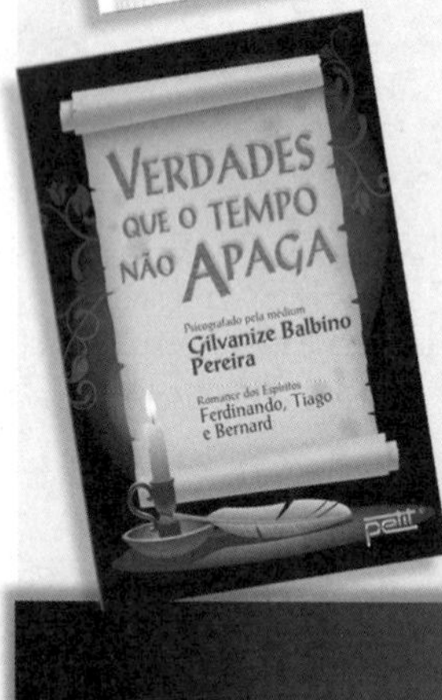

Verdades que o tempo não apaga
Romance histórico dos Espíritos Ferdinando, Tiago e Bernard

Em 1558, os tribunais da "Santa Inquisição" condenam aqueles que contrariam a Igreja. Na França, o livreiro Jacques arrisca a vida divulgando o *Evangelho* renegado, mas antes de cair nas garras dos inquisidores envia os originais a Bernard, em Barcelona. O que há nos *Evangelhos* apócrifos que justificasse tanta perseguição? Veja neste emocionante romance...

Leia e recomende!
À venda nas livrarias espíritas e não espíritas

petit